「多くのスペイン人がモウリーニョに好感を抱かない理由は何だろうか。彼の意見は常軌を逸しているわけでも、特に辛辣なわけでもない。実際にモウリーニョが築き上げた、プロとしての輝かしい戦績にケチをつけるのはきわめて困難だ」

――― ジョン・カーリン（『インビクタス 負けざる者たち』原作者）

「彼（モウリーニョ）は魔法使いではないかと何度も思った。彼が予言したシチュエーションの95パーセント以上が、競技場で実際に起こっているのだから」

――― マニシェ（アトレティコ・マドリードとFCポルトの元選手）

CHAMPIONS LEAGUE
UniCredit
tve
J. M.
CHAMPIONS LEAGUE

「モウリーニョは議論の余地のないチームリーダーであり、避雷針であり牽引者。そして立案者でありクリエーターだ。研究に値する優れた人材で、唯一無比の模範である」

――**アリゴ・サッキ**（ACミランの元監督で、ゾーン・プレスを編み出した人物）

モウリーニョの哲学

世界No.1
クラブをまとめる
リーダーシップ

フアン・カルロス・クベイロ 著
レオノール・ガジャルド 著
野田恵子 訳
吉崎エイジーニョ 監

CODIGO MOURINHO

By Juan Carlos Cubeiro and Leonor Gallardo

Original Title: "Codigo Mourinho"

Alienta es un sello editorial de Centro de Libros PAPF, S.L.U

Avda. Diagonal 662-664, 6-D, Barcelona 08034 (SPAIN)

Japanese translation rights arranged with

CENTRO DE LIBROS PAPF, S.L.U.

through Japan UNI Agency, Inc., Tokyo

「モウリーニョは、威厳とはどういうものかをレアル・マドリードに示してくれた」

フロレンティーノ・ペレス（レアル・マドリード会長）

「モウリーニョは、ありとあらゆる成功を成し遂げた。私は、監督としてのモウリーニョをとても尊敬している。だが、彼はＦＣバルセロナの監督には絶対にならないだろう」

ヨハン・クライフ（ＦＣバルセロナ元監督）

監修者まえがき

監修　吉崎エイジーニョ（スポーツライター、翻訳者）

いわゆる〝モウリーニョ本〟は世にあふれている。日本でも大手書籍販売サイトで検索する限り、ざっくりと10冊近い関連書籍が刊行されている。ポルトガル語を話す、監修者の書き手の友人も「モウリーニョ関連の依頼が急増している」と言うから、このカリスマをめぐる盛り上がりはまだまだ続きそうだ。

そんな中、本書にははっきりとした特色がある。

〝モウリーニョのように生きるためには、どうすればいいか〟

伝記ではなく、サッカー戦術書でもない。この点が描かれている。著者のファアン・カルロス・クベイロ（ビジネスコンサルタント）とレオノール・ガジャルド（スポーツ科学博士）が次の手法を用いていることが新鮮だ。

〝モウリーニョのインパクトある言葉を引用し、リーダーとしての生き様を分析する〟

特に本書の後半部分にそのノウハウがはっきりと示されている。文中に登場する歴史上の偉人や著名人の名言の引用も、モウリーニョ自身の言葉をより際立たせてくれる。

また、本書ではなぜ「モウリーニョは人を惹きつけるのか」という点に対しても専門家の見地から明快な説明がなされている。監督としていかに優れた成績を上げてきたのか。悪役のキャラクターを自身がどう活用しているのか。批判を恐れず目的達成のために立ち向かう姿。組織(クラブ)に対する思い。自チーム選手さえも驚かせる、確信に基づいた試合展開の予言。これらをふんだんに紹介しつつ、結論部分の「モウリーニョの8つの教え」にたどり着く。

著者の1人、ファン・カルロス・クベイロは、モウリーニョの暮らすスペインのリーダーシップ論の第一人者だ。スペイン・コーチング&プロセスコンサルティング協会の名誉会長ほか、ビジネスコンサルタント会社の執行役員、大学教授などを務める。もう1人のレオノール・ガジャルドは、大学教授。スペインでのスポーツマネジメント論の第一人者だ。

これまでも複数共著がある2人の最新刊である本書は、ちょっと不思議な世界観を作り出している。スタンダードなビジネス書のようで、小洒落た歴史的明言が散りばめられている。ときに東洋哲学すら登場する。またあるときにはジャーナリストか？と思わせるような、綿密な現場のレポート。マクロからミクロへ、ミクロからマクロへ。両者の視点がほどよく散りばめられ、読み手を飽きさせない。

ヨーロッパ発〝小洒落たビジネス書の世界〟を、ぜひご堪能いただきたく!!

はじめに

「皮肉屋とは、あらゆるものの価格は知っているが、なにものの価値をも知らぬ人間のことなり」

オスカー・ワイルド（1854〜1900／イギリスの詩人、小説家、劇作家）

モウリーニョの価値

一流のサッカー監督としてのジョゼ・モウリーニョの価値はどのくらいだろうか。実際にはまったく見当がつかない（サッカー市場では、おそらくプレミアリーグやロシアリーグ、アラブ首長国連邦（UAE）のクラブのオーナーなら、必要とあらばいくらでも彼に支払う用意があることだろう）。とにかく分かっているのは、レアル・マドリードで彼が受け取っている年俸がその価値に見合っているということだけだ。

2011年2月、ジョゼップ・グアルディオラはFCバルセロナとの契約を更改し、レアル監督として公式発表されているモウリーニョの年俸（1000万ユーロ）を750ユーロ上回る年俸を獲得した。

ただしレアルのフロレンティーノ・ペレス会長はスペイン経済情報記者協会賞を授与された2010年10月19日、モウリーニョに1シーズンで1500万ユーロの年俸を支払ったと「口を滑らせた」（「ただし、すべて込み込みでだ」と弁明している）のだが、その横にいたサンタンデール銀行頭取のエミリオ・ボティンは「私の年俸より多いな」と苦笑している。

　モウリーニョは、監督はチームのどの選手よりも収入が多くなくてはならないという〝カペッロ主義〟を実践している。したがって、GMなどフロント職が彼を解任する際には（多大な犠牲を払って）よく考えた上で、結果的に会長の〝怒り〟を買わないように決断しなければならない。ファビオ・カペッロがレアルの監督だった頃の年俸はチーム一の高給取りである選手より1万ユーロ高く、イングランド代表監督になってからは900万ユーロという巨額の年俸を得ていた（スペイン代表を世界チャンピオンに導いたビセンテ・デル・ボスケでさえ、年俸は200万ユーロ余り）。ちなみにカペッロは2012年2月8日にイングランド代表監督を辞任している。

　確かにモウリーニョは、スペインのどのクラブの監督やチーム幹部よりも多額の年俸をもらっている。彼が初めてスペインにやってきた頃の収入は月70ユーロ（1万ペセタ）だったというのに！　当時バルサの第一副会長だったジョアン・ガスパールは、「彼には生活資金がほとんどなかったので、私が経営するホテル、エル・アレナスの部屋に無料で泊めてやった。月1万ペセタを提示したが、後に通訳以外にも能力があることが分かってからは、少し給料を上げた」と回想している。しかし、モウリーニョはわずか15年で、悲惨な生活からスターダムにのし上がったのだ。

スペインのインターネット媒体、lainformación.comによれば、モウリーニョがレアルと契約した2010年の企業幹部の所得番付は次のようになっている。

1. アルフレッド・サエンス（サンタンデール銀行）：1023万ユーロ
2. ホセ・イグナシオ・サンチェス・ガラン（イベルドローラ）：820万ユーロ
3. セサール・アリエルタ（テレフォニカ）：696万ユーロ
　フリオ・リナレス（テレフォニカ）：696万ユーロ
　ホセ・マリア・アルバレス－パレテ（テレフォニカ）：696万ユーロ
6. フランシスコ・ルソン（サンタンデール銀行）：581万ユーロ
7. フランシスコ・ゴンサレス（BBVA）：530万ユーロ
8. エミリオ・ボティン（サンタンデール銀行）：399万ユーロ
　ホセ・イグナシオ・ゴイリゴルサリ（元BBVA）：399万ユーロ
10. アナ・パトリシア・ボティン（バネスト）：364万ユーロ

『エル・エコノミスタ』誌（2012年3月22日）によれば、スペインで最も所得の多い企業幹部はZARAで知られるアパレルメーカー、インディテックスの創業者パブロ・イスラ（2030万ユーロ）だ。

「私の好きな選手はリオネル・メッシだ。私はメッシのファンだ」

エミリオ・ボティン（サンタンデール銀行頭取／所得番付ランキング8位）

モウリーニョはどうだろうか。ポルトガルのアヴェイロにあるＩＰＡＭマーケティングスクールによれば、モウリーニョの影響力は１００点満点中74点。いっぽう、グアルディオラは56点で、市場価値に換算するとモウリーニョのほうが約５００ユーロ高いという。同スクール講師のダニエル・サーはこう分析している。

「ジョゼ・モウリーニョのほうが優位にあることは、記者会見でのいつもの彼のスタイル、発する言葉の内容から容易に説明がつく」

１３００万ユーロの実質年俸以外に、モウリーニョは年間５００万ユーロに上る肖像権収入を得ている。いっぽう、グアルディオラが１０００万ユーロの年俸以外に得ている肖像権収入は３００万ユーロだ。

サッカー監督としての成績という点では僅差（１００点満点で65点－62点でモウリーニョが優勢）で、勝率の点ではグアルディオラが上回っている（72パーセント－68パーセント）が、トップチームの監督としての公式戦の試合数は、グアルディオラの２００試合に対してモウリーニョが５００試合と大きく上回っている。

目次

STEP 2
外の世界に自分の姿を〝見せる〟方法

STEP3

結論。モウリーニョの8つの教え

STEP 1

自分のグループのカリスマリーダーになる方法

「リーダーシップと学習は互いに必要不可欠なものである」
ジョン・F・ケネディ（1947～1963／元アメリカ大統領）

1. 再確認。あらためて知るモウリーニョのすごさ

「レアル・マドリードの監督は、実績豊富な者が務めるべきだ。今その座に就いている私は、2度ヨーロッパチャンピオンになり、それぞれ異なる4つの国で選手権とカップ戦を勝ち、19のタイトルを獲ってきた。もしタイトルを獲ったことのない気の毒な監督が就任したら、どれほどの善人で優れた人物であろうと、簡単に潰されてしまうに違いない」

ジョゼ・モウリーニョ

国際サッカー歴史統計連盟（ＩＦＦＨＳ）によれば、ジョゼ・モウリーニョはこの10年間で最も優れた監督として評価されている。モウリーニョは、２００４年（ＦＣポルトの監督としてアーセナルのアーセン・ベンゲル監督と最後まで争った）と２００５年にＩＦＦＨＳの優秀監督ランキング1位を受賞（当時はチェルシーを指揮。リバプールの監督だったラファエル・ベニテスを僅差で破って受賞）。２００６年も最終候補まで残ったが、ＦＣバルセロナのフラ

ンク・ライカールトに敗れている。そしてレアル・マドリードに移ってから、2010年にジョゼップ・グアルディオラとの最終選考の末、(インテルでの成績により)優秀監督ランキング1位に返り咲いている。2011年にはグアルディオラがタイトルを奪取し、モウリーニョは2位に甘んじた。

ビッグクラブの監督を引き受けるようになってからの10年間で、ポルトで6つ(チャンピオンズリーグ1回、UEFAカップ1回、スーペルリーガ2回、ポルトガルカップ1回、ポルトガル・スーペルコパ1回)、チェルシーで6つ(プレミアリーグ2回、FAカップ1回、チャコミュニティーシールド1回、リーグカップ2回)、インテルで5つ(チャンピオンズリーグ1回、セリエA2回、コッパ・イタリア1回、スーペルコッパ・イタリアーナ1回)、そして現時点ではレアルで2つ(国王杯1回とリーガ・エスパニョーラ1回)のタイトルを獲得している。4つの国で合計19個のトロフィーだ。

この実績に勝る監督は誰がいるだろう。たとえば、IFFHSが史上最高の監督と見なしているアレックス・ファーガソン。彼はこの13年間で、セント・ミレンでスコットランドのナショナルチャンピオン、アバディーンで8つの国内タイトルと2つの国際タイトル、マンチェスター・ユナイテッドでの31の国内タイトル(プレミアリーグ12回、FAカップ5回、コミュニティーシールド10回、フットボールリーグカップ4回)、そして6つの国際タイトル(チャンピオンズリーグ2回、UEFAカップ・ウィナーズ・カップ1回、スーパーカップ1回、インターコンチネンタルカップ〈トヨタカップ〉1回、クラブワールドカップ1回）を獲得している。合計48タイトルだ。大勢の監督たちの中でも、ファーガソンがモウリーニョと最も仲がよいというのは偶然ではない。

モウリーニョに勝る、または同等の実績を上げている監督は数人しかいない。

●オットマー・ヒッツフェルト（ドイツ）――タイトル20個（スイスリーグ2回とスイスカップ3回、ボルシア・ドルトムントとバイエルン・ミュンヘンでブンデスリーガ7回、ドイツカップ3回、ドイツスーパーカップ1回、チャンピオンズリーグ2回、インターコンチネンタルカップ2回）。

●ジョバンニ・トラパットーニ（イタリア）――同じくタイトル20個（セリエA7回〈ユベントスで6回、インテルで1回〉、コッパ・イタリア2回、スーペルコッパ・イタリアーナ1回、バイエルン・ミュンヘンでブンデスリーガ1回、ベンフィカでポルトガルリーグ1回、ザルツブルクでオーストリア・ブンデスリーガ1回、チャンピオンズリーグ1回、インターコンチネンタルカップ1回、ウィナーズカップ1回、UEFAスーパーカップ1回、UEFAカップ3回）。

トラパットーニは1939年生まれで、ファーガソンは1941年、エリクソンは1948年、ヒッツフェルトは1949年。偶然にもみなモウリーニョより15〜25歳上だ。モウリーニョは、グアルディオラやアンドレ・ビラス＝ボアス、ウナイ・エメリ、ラファエル・ベニテスの世代。グアルディオラは13個、ベニテスは9個のタイトルを獲得している。

誇りの問題

ポルトガルの金融グループ、ミレニアムBCPの2011年の広告で、ジョゼ・モウリーニョはヨーロッパの地図の上をポルトガルから東へ歩きながら、次のように語っている。

「私はチャンピオンズリーグで2回、ポルトガルリーグで2回、スペインの国王杯で1回、プレミアリーグで2回、そしてイタリアリーグで2回優勝した。私を賞賛する批評やコメントは後を絶たず、連日のように注目も浴びている。私は世界最高の監督であり……ポルトガル人だ。今は困難な時期だが、私は母国を信じている。ポルトガル人のプロ意識を信じている。なぜなら我々は才能と勇気を兼ね備え、覚悟を決めた国民だからだ。ミレニアムBCPは、情熱を持った人にこそ未来があると信じている。私は、ポルトガル人であることを誇りに思っている。君たちも誇りを見せてくれ」

「ポルトガルの経済はモウリーニョに似ているが、まったく正反対な面もある。個性がないのだ」

フェデリコ・ヒメネス・ロサントス（ラジオ記者）

「成功を収めた企業には必ず、勇気ある決断を下した者がいる」

ピーター・ドラッカー（1909～2005／マネジメントの父）

「結果を見れば、モウリーニョの価値はすぐ分かる」

ハビ・エルナンデス（2011年9月9日／FCバルセロナのMF）

才能は金なり

自分の才能に対するたゆまぬ投資が何よりも有益であることは、広く証明されている。経済学者のジョージ・サカロポロスは、教育への投資によって社会全体に年間10～25パーセントの利益が生まれることを示した。またミネアポリス連邦準備銀行のアート・ロルニックとロブ・グリュンワルドは、才能の発達への投資から得られる見返りを年間16パーセントと見積もっている。具体的に言うと、これは投資額1ユーロごとに8ユーロの利益が出ることを意味している。才能の発達に関して、ノーベル経済学賞を受賞したジェームズ・ヘックマンは、〝好循環〟（学びがさらなる学びを促す）と〝悪循環〟（才能が後退し続ける）の存在を主張し、また賃金や経済、社会の不公平の大部分は学習の違いに帰因するものだとも主張している。

2003年から2007年まで国際通貨基金（IMF）の主任エコノミストを務め、『フォールト・ラインズ「大断層」が金融危機を再び招く』（新潮社刊）の著者でもあるラグラム・ラジャンは、「テクノロジーの発達とグローバリゼーションが進んだ現代では、優れた能力を持たなければレベルの高い生活には到達できない」と断言する。

変動する貨幣価値

才能に関しては大きなパラドックスが存在する。才能が何に基づくものかを40年にわたり分析してきたスタンフォード大学のキャロル・ドゥエック教授は、ほとんどの人は「才能があるかないか」という問題について〝固定的なマインドセット〟を持っていると述べている。教授によれば、〝固定的マインドセット〟の人は、知能や才能といった基本的資質は固定された特性だと考えているという。

「人はある一定量の知能と才能を持っていて、何人たりともそれを変えることはできないと考える。そのような人はいつでも、自分に知性と才能があり、自分たちが負け組でなく勝ち組であることを示そうとする。誰も自分の欠点に気づいていないと思い込み、自分が当然であると思うとおりに自分の能力が認知されないと不愉快になる」

いっぽう、そうではない考え方の人もいる。〝増大的マインドセット〟の人は「基本的な能力は努力と学習によって伸ばすことができると信じている。自分の能力をさらに高いレベルまで進化させるため、挑戦を伴う経験を求める」（同教授）。したがって鍵となるのは、克服、改善、発達、学習の観点から才能について考えることだ。ドゥエックは次のようにも述べている。

「〝増大的マインドセット〟の人は、より優れた親であり、教師であり、上司であり、仲間であり、友だ。人は成長できるものだと信じているから、他人の成長や学習をよりうまく刺激することができる」

なぜ人は、努力を過小評価してしまうのか。

それは、真に〝増大的マインドセット〟の人は人口の20パーセントにも満たず、80パーセント以上は完全に、そうでなくとも大部分は〝固定的マインドセット〟であるからだ（才能に関してもパレートの80－20の法則が当てはまる）。またドゥエックは「親や教育者が子どもの努力や作戦でなく知性をほめると、子どもにまで〝固定的マインドセット〟を植え付けてしまうことになる」とも主張している。

成長するか衰えるか、それは自分で決めることだ。ジョゼ・モウリーニョははっきりとそれを心に決めている。

「モウリーニョはとても俺たちに近い監督だ。常に改善を試み、俺たちをよく見て、間違いは正し、うまくやれば激励してくれる」

エステバン・グラネロ（レアル・マドリードMF）

彼の野心はどこまで行くのか

ジョゼ・モウリーニョは饒舌な男だ。２０１１年4月11日、彼はチャンピオンズリーグについて、トッテナムとの準々決勝（その後ＦＣバルセロナとの対戦が予想されていた）の前に、マスコミに対して次のように宣言した。

「同一リーグで3回優勝することと、異なる国のクラブで別々のシーズンに3回優勝することとは、次元がまったく違う話だ。もちろん優勝すればうれしいに決まっているが、そのことばかりにこだわる気はない」

レアル・マドリード10回目のチャンピオンズリーグ制覇？　イングランドの有力チームのどこかで4回目のリーグチャンピオン？　母国ポルトガルの代表でワールドカップ制覇？　彼の野心はとどまるところを知らない。そのことについて、彼はこう主張する。

「よい行いや、人々を幸せにすることに携わるのは楽しい。チャンピオンズリーグを制覇すれば、ファンの人々にものすごいインパクトを与えられる。キャリアを終えるまでに少なくともあと1回は優勝してみたいと思うが、タイトルに固執しているわけではない」

強さ、メンタリティ、そして野心。まさにこれがモウリーニョが目標を達成するために備える武器なのだ。

「思慮深い人として行動せよ。行動する人として考えよ」

トーマス・マン（1875～1955／ドイツの作家）

2. 成功のファーストステップとなる3つの条件

「成功とは、勇気と決断、そして自分が目指す理想の人物になろうとする意志である」

ジョージ・シーハン(1918〜1995/アメリカの医師)

神話化されるリーダーシップ?

偉大なリーダーとしてのジョゼ・モウリーニョの成功は、疑いようのない事実だ。

しかしながら、リーダーシップというものは神話化されやすい。「リーダーは生まれながらにして、魔法のような優れた能力の持ち主だ」とか、そういう類の通説だ。だが、そんな通説は何の助けにもならない。少なくとも、リーダーを適切に評価することはもちろん、リーダーから学んだことを実践する際にも役に立たない。たとえば、ヌーノ・ルスとルイス・ミゲル・ペレイラという2人の記者の著書『Mourinho. Nos Bastidores das vitórias』(日本未発売)では、モウリーニョは「まとめ役」「野心家」「カリスマ」「マエストロ」「モチベーター」「兄弟」「伝達者」「切り込み隊長」などと称されている。それだけではない。同書に序文を寄せた、モウリーニョが全幅の信頼を置いている代理人のホルヘ・メンデスは、モウリーニョのことを「トレーニング技術における最強の怪物」と評している。

「リーダーシップ、戦術、選手との関係、規律面、戦略や組織論、心理、知性……。そのどれを取ってもずば抜けた存在であるとも思えるが、そうではない。これらすべての性質を評価してみると、モウリーニョとその他の監督では存在する次元がまるっきり違う。モウリーニョは、世界トップクラスの指導者であり、サッカー史上最も優秀な監督だ」というのがその理由だ。そして「それ以外の性格面など、彼の資質を評価する際には取るに足らない要素だ」と結論付けている。まったくそのとおりではないか。

「追従は、受け取る者を貧しくする金である」

アブランテス公爵夫人（1784〜1834／フランスの作家、別名ロール・ジュノー）

「媚びへつらう者はすべて金目当てであり、心の卑しい者はすべて媚びへつらう者である」

アリストテレス（紀元前384〜322／ギリシャの哲学者）

賛辞とは、他人に贈る賞賛や賛美の言葉だ。古代ギリシャの劇場ではアポロ神を礼賛し、古代ローマでは執政官が皇帝を激賞していた。だが、ことリーダーシップという点について言えば、他人の賛辞を聞くよりも実際の行動を見たほうがずっと面白い。モウリーニョはかつて、「私の人物像に関する意見で最も重要だと思うのは、私の上司と配下の選手たちの言葉である」と述べている。

では、リーダーとは何か。それは人を導き案内する者を意味し、森の中に道を切り開くという言葉から派生した用語だ。したがって、リーダーシップには次に挙げる3つの概念が含まれる。

- 戦略（自分がどこへ行こうとしているのか、どこへ人を導こうとしているのか）
- チーム（リーダーのいないチームは存在せず、チームを欠いたリーダーも存在しない）
- 気力（モチベーションを高め、チームを発奮させて夢を持たせ、信じさせる）

実際にモウリーニョは、これら3つの分野において突出した才能を示している。

『エル・パイス』紙のリスボン特派員アントニオ・ヒメネス・バルカは、2011年11月2日のブログで次のように書いている。

3週間前、私がリスボン空港に降り立って最初に見たものは、モウリーニョの笑顔が載っわざわざ読みたいと思わなかった。そこにはキャッチコピーが書かれていたが、そのときはわざわざ読みたいと思わなかった。その後、タクシー運転手がフェルナンド・アロンソ（訳注：スペインのF1ドライバー）ばりの猛スピードで飛ばす車中からも、別の巨大な広告ポスターで笑顔のモウリーニョが何かを語りかけているのを見たと思う。それはさすがに私の興味を引いたが、時速70キロメートルで走りながらかなりの急カーブに差し掛かり、横滑りしないようにシートにしがみついたので、それ以上は読めなかった。

後日、リスボンの美しくも急な坂道を歩いていて、今にも息が切れるかと思ったそのとき、丘の頂上にたまたま同じ広告を見つけた。実際はこんな感じだ——モウリーニョが微笑を浮かべながら、胸の高さに手を出し、自信に満ちた顔で正面を見据えている。それは銀行の広告で、『ポルトガル人としての誇りを見せろ』というキャッチコピーが記されていた。それを見て活力を取り戻した私は、広告の写真を撮ると、また坂を上り始めた。

さらに後日、友人から借りた4月付けのある雑誌に、『最も影響力のある100人のポルトガル人』という特集が載っており、もちろんその中にモウリーニョも混じっていた。このときはかなりとっつきにくい表情の写真で、記事の見出しは『勝者のDNA』という賛辞だった。その2〜3週間前に出たテレビ雑誌『シェア』の表紙には、やはりモウリーニョの写真と、『リーダーシップとは、日々発揮しなくてはならないもの』という言葉が載っていた。

そのとき私が悟ったのは、モウリーニョはスペインでは極端にでしゃばりな性格で大きな物議をかもし、お騒がせな人物（この形容だけでは足りないが）と見なされているが、母国ポルトガルでは単なるセレブの域を超え、間違いなく重要人物だと見られていることだ。予言者の言葉やことわざなどで、どんなふうに形容されようが、それは事実である。彼の祖国ポルトガルは深刻な経済危機にあえいでいる。ポルトガルにとって困難なこの時代において、モウリーニョは単に成功を収めたスポーツマンとしてだけでなく、リーダーとしてあるべき姿や、成功の化身としての姿を体現している。

スポーツ記者で『レコード』紙の副編集長でもあるアントニオ・マガリャエスも、この意見に同意してくれた。彼の説明によれば、ＦＣポルト時代のモウリーニョは、モウリーニョそのままだった。分かりやすく言うと、スペインで知られているモウリーニョだった。けんかっ早くて、横柄で、お騒がせで（それでも言い足りないが）、でしゃばりで、問題児で、嫌われ者から愛される人物。しかしチェルシー時代以降、そしてマドリードに移り住んでからの彼のイメージは一変した。チームを守り、配下の選手から最高のパフォーマンスを引き出し、勝利に向かってチームを導く勝者に変化したのだ。言い換えれば、それが真のリーダーなのだ。事実、マガリャエスによれば、モウリーニョはサッカーでなくリーダーシップ論の講演を依頼されたこともあるという。それ以来、あのリスボンの急な美しい坂道に貼られたポスターで、モウリーニョとその微笑みに出くわすたびに、地形が性格をどう変えるか、またその逆について考えるようになった。もっとも、考える気力があればだが。

モウリーニョは、祖国ポルトガルが求めてやまない理想のリーダーに変貌した。もちろん、それまでの彼のイメージとは正反対の姿になったのだ。ナイキが2010年の末に打ち出した広告「疑う者たちへ」では、アンドレス・イニエスタとNBAのパウ・ガソル、テニスのラファエル・ナダルが、さまざまなアスリートの功績を口にする。リッキー・ルビオ（NBA）、ジセラ・プリド（カイトボーダー）、ヌリア・フェルナンデス（陸上）、トライアスロン世界チャンピオン、柔道ヨーロッパチャンピオンなど……。そして「努力しろ。謙虚に、そして真摯に。先の見えない闇と闘え。失われたはずの光になれ」という言葉が添えられ、最後に「輝け。君の国を照らせ」というスローガンが映し出される。

好戦的な気質

ジョゼ・モウリーニョは指導者であると共に、歴史に名を残す戦士の好例だ。歴史家であり、伝記作家でもあるフランク・マクリーンは著書『Heroes & Villains: Inside the Minds of the Greatest Warriors in History』（日本未発売）で、歴史上の戦士たちの最大の秘密について次のように分析している。

●スパルタカス――古代ローマを屈服させたグラディエーター

- アッティラ──〝蛮族〟の戦士
- リチャード獅子心王──万能の戦士
- エルナン・コルテス──背徳の征服者
- 徳川家康──日本の伝説の将軍
- ナポレオン・ボナパルト──戦術のマエストロにして用兵の天才

では、〝戦士向きの気質〟とでも言うべきものは存在するのだろうか。あらゆる人間の基本的な衝動は〝権力を得ようとする意思〟だと考えた心理学者アルフレッド・アドラーや、〝外向的直感型〟というカテゴリーでこれらの戦士を分類したカール・ユングについても、前出のマクリーンは言及している。そのいっぽうで、「漠然とした説明だけでは、最終的に十分な主張を展開できない」とも述べている。

モウリーニョのカリスマ性には、スパルタカスと相通ずるものがある(2人とも、常に権力者に戦いを挑んできた。スパルタカスは第三次奴隷戦争を起こしてローマ軍に叛旗を翻した。かたやモウリーニョは、ベンフィカ、マンチェスター・ユナイテッド、ACミラン、FCバルセロナといった強豪クラブと対戦してきた)。飽くなき闘争心はアッティラを思わせ、チェスのような用兵術は徳川家康を想起させる。また、見せかけの単純さとわざとらしさ、群衆の前で演じることへの熱意はリチャード獅子心王、ギャンブラーとしての皮膚感覚はエルナン・コルテスを彷彿とさせ、ナポレオン・ボナパルトに匹敵する知性（大学とサッカーを結び付けている）の持ち主だ。マクリーンは断言する。

「偉大な戦士は、戦略と戦術に熟達しなくてはならない。優れた軍事の才能、大胆さ、ずる賢さ、自信を兼ね備えなくてはならないし、運が強くなければならない。そして自分に向いた環境で、自分と比肩しうる敵と戦わなくてはならない」と。

いっぽう、オックスフォードで育ち、ロンドン大学で歴史学の博士号を取得したマクリーンは次のように結論付けている。

「偉大な戦士たちには賞賛すべき点が多々あるが、不思議なことに、同情すべき点もある。徳川家康を除き、ベッドで静かに死んだ者は誰もいないのだ。リチャード獅子心王は、招かれざる場所へ入り込み、優秀な射手をからかうという、実に馬鹿げた事故で死んだ（訳注：原文ママ）。ナポレオンは岩だらけの流刑地で死んだが、毒殺であったことがほぼ確実。アッティラも名誉の死を遂げておらず、毒殺か、もっと端的に言えば酒に酔って失神した状態で死んだ。コルテスは忘れ去られたまま、そうでなければ蔑まされたまま、スペインで生涯を終えた。戦地の英雄として死んだのはスパルタカスだけである」

要するに多くの場合、戦士の役目は戦場で死ぬことではない。自らの生涯を閉じることによって、後世に伝説の人物として語り継がれることなのだ。

『インビクタス 負けざる者たち』（日本放送出版協会刊。ネルソン・マンデラと、ラグビーワールドカップを通じて国を1つにしようとした彼の成功を描いた小説）の原作者であるジョン・カーリンは、２０１２年1月28日付けの『エル・パイス』の紙面でこんな言葉を残している。

「多くのスペイン人が（レアル・マドリードは世界的に傑出したチームゆえに、世界中の人々も）モウリーニョに好感を抱かない理由は何だろうか。それは、人間としてあまり褒められない2つの性格を兼ね備えているからだと結論付けざるをえない。２つの性格とは、幼稚さをも伴った偏狭さ、そして軍事独裁者にありがちな絶対的忠誠への渇望だ。私は今週受けたあるインタビューで、スペインのサッカー界における重要人物としてのモウリーニョの資質について詳しく話した。そして、彼の最大の特徴の1つが、勝利を誇れる軍隊を作りさえすれば、自分の指揮下にあるのがレアルであろうとチェルシーであろうと、ＦＣポルトであろうとインテルであろうとまったく同じという自己中心主義であることも述べた。サッカーは彼の舞台だが、サッカーを愛しているという印象をまったく感じない。ジョゼップ・グアルディオラやアレックス・ファーガソン、ホルヘ・バルダーノといったライバルたちは、サッカーをこよなく愛しており、彼らとモウリーニョは好対照を成している。野球や銀行業、あるいは政治でも同じことが言えるかもしれない。

ここに挙げた有名人の名前を引き合いに出すのは卑怯かもしれないが、彼の意見は常軌を逸しているわけでも、特に辛辣なわけでもない。実際にモウリーニョが築き上げた、プロとしての輝かしい戦績にケチをつけるのはきわめて困難だ」

3. 次に、自分が望む未来を設計せよ

「戦闘の準備をする際、計画が役に立ったことなどない。しかし、計画を立てることは必要不可欠だ」

ドワイト・デヴィッド・アイゼンハワー（1890〜1969／元アメリカ大統領）

未来を予測する

ジョゼ・モウリーニョは未来を予測できるリーダーとして、どの監督にも見られない評価を得ている。

モウリーニョがFCポルトの監督を務めていた2002〜03シーズンの対ベンフィカ戦について、ポルトの元GKビトール・バイーアは次のように振り返る。

「驚くべきことに、彼はチームの前で、なんとベンフィカの先発メンバーがどうなるか、こちらが先制点を入れたらどうなるかという予想を始めた。『カマーチョ（ホセ・アントニオ・カ

マーチョ。元レアル・マドリードの選手で元スペイン代表。当時はベンフィカの監督）は不利になると必ずトモ・ショコタに頼る。だからこちらはその形に合わせなくてはいけない』と。それからこう付け加えた。『相手の選手が退場になったら、私たちの勝ちだ』と。するとその試合は、まさにモウリーニョが予見したとおりになった」

まず、ポルトが36分にデコのゴールで1点を取った。その10分後にカマーチョはショコタを投入。そして試合終了20分前にベンフィカのＤＦのリカルド・ロチャが退場になり……。こうして、モウリーニョのチームが永遠のライバルのホームで、１－０で勝利を収めたのだ。この勝利についてはモウリーニョ自身がマスコミに語っている。彼いわく、「この勝利はチーム全体がメンタル面で相手よりも強かったおかげ」だそうだ。

似たような話は、チェルシーやインテル、レアルを率いているときもよく聞く。チェルシーのスーパースターだったディディエ・ドログバは、モウリーニョについてこうコメントしている。

「ベンチにいるときに、これから何が起こるかを、まるで見えているかのように話しているのをよく聞いた。おかげで何度も不思議な気分になったよ。もしかしたら彼には予知能力があるんじゃないかってね」

まるで水晶玉で未来を読めるかのようだが、モウリーニョのすごさは、選手たちを暗示にかけただけにとどまらない。ミラノ最大のライバル同士の対戦であるミラノダービー（２０１０

年1月24日）について、インテル会長のマッシモ・モラッティが興味深いエピソードを教えてくれた。インテルはこの試合で前半10分に1点先制したが、DFのルシオが痛いイエローカードを食らった上、MFのウェズレイ・スナイデルがルシオのイエローカードに抗議したため退場となっていた（モラッティによれば、どちらも彼らに不利な判定だった）。さぞかしチームがナーバスになっているだろうと思ったモラッティは、ハーフタイムにロッカールームの様子を見に行ったが、それは間違いだった。そこで彼が見たのは、静かに集中しきってモウリーニョの声を聞く選手たちの姿だったのだ。モウリーニョは選手たちに、「後半に何が起こるか」を話して聞かせていた。

「ミランの選手は焦りだすだろう。なぜなら、10人しかいない我々から1点も取れないからだ。そうしたら、こちらはそのチャンスを利用する。もう1点取れば、2－0でうちの勝ちだ」

実際にモウリーニョの予言は的中した。FWのゴラン・パンデフがフリーキックを決め、2点目をあげたのだった。

「パンデフを交代させる準備をしていたが、相手のゴールエリア近くからのフリーキックという、またとない絶好のチャンスがやってきた。私は第4の審判（訳注：予備審判のこと）のところへ走り、交代を遅らせてくれと頼んだ。それでパンデフは1分ほど長くフィールドにとどまることができ、フリーキックを蹴ってゴールを決めた。あのフリーキックを蹴ったのは、我々がその週の間、何度も繰り返し練習していたのとまったく同じ場所だった」

ジョゼ・モウリーニョ

レアルでのモウリーニョについては、FWのカリム・ベンゼマが『ソー・フット』誌（2011年11月9日）でのインタビューで、次のように語っている。

「彼はすごい戦術を編み出す上に、ほとんど過ちを犯さない。いつも新しいプランを立て、指揮を執ったあらゆるクラブで成功と勝利を手にしているんだ。彼はチームがスランプのときも、俺たちがいいプレーをするかどうか、ゴールをあげられるかどうか分かっていた。どんな才能を持っているのか俺には分からないが、とにかくすばらしい」

「彼（モウリーニョ）は魔法使いではないかと何度も思った。彼が予言したシチュエーションの95パーセント以上が、競技場で実際に起こっているのだから」

マニシェ（アトレティコ・マドリードとFCポルトの元選手）

予知能力？

ジョゼ・モウリーニョは予知能力を持っているのだろうか。それを信じてしまったら、モウリーニョには魔法の才能があるということだけでなく、運命は最初から決まっていて、それを最初に見ることができたのが彼だったということを意味する。まるでおとぎ話だ。

「私は努力はするけれど、奇跡を起こすことはできない。マーリン（訳注：中世ヨーロッパの伝説上の魔術師）でもなければ、ハリー・ポッターでもないからだ」

ジョゼ・モウリーニョ（自分に〝魔術師〟の能力があるとは思わないというコメントで）

戦略家としてのモウリーニョのすごいところは、口にした予言がひとりでに実現するところにある。昔から、予言能力の持ち主はギリシャのデルフォイの神殿でアポロ神を祀る巫女などのような、ごく限られた人物だと信じられてきた。社会学者のロバート・マートンは、1961年の著書『社会理論と社会構造』（森東吾、森好夫、金沢実、中島竜太郎 共訳、みすず書房）の中で〝予言の自己成就〟という概念について初めて考察している。

マートンの主張は、「もし人間が、ある特定の状況を真実だと見なせば、その状況は結果においても真実である」という理論に基づいている。人間の頭脳は、自分が頭の中で考えたことと実際の出来事との違いを区別できないのだ。そのことをマートンは次のように説明している。「世間の人々の状況分析（予言または予測）がその状況の構成要素となり、かくしてその後の状況の成否に影響を及ぼす。これは人間界特有の現象だ。人間の手の加わらない自然界では見られない。ハレー彗星の循環がどんなふうに予測されようと、その軌道には何の影響も及ぼさない。しかし、ミリングヴィル氏の銀行が支払い不能になったという噂は、実際の結果に影響を与えた。つまり、破産の予言が成立したのである」

人間の世界で、予言が現実となった例は多い。歴史学者のカール・ポパーは、オイディプス王の逸話からそれを〝エディプス効果〟と呼んだ。物事が起きる過程に予言が影響するというものだ。インドの英雄クリシュナも、古代ローマ建国の主人公であるロムルスとレムスも、『千夜一夜物語』もそうだ。『マクベス』『マトリックス』『スター・ウォーズ』……文学にも映画にも、そのような例は枚挙に暇がない。

「自己成就する予言とは、ただ単に明言されることにより、期待される出来事が発生することだ。さらにその出来事の〝正確性〟の確認を誘発する仮定、または予想である」

ポール・ワツラウィック（1921〜2007／コミュニケーション専門家）

教育の現場では、〝自己成就する予言〟の例が数多く見られる。たとえば、教師が生徒たちにある期待をかけたとしよう。すると、その姿勢が生徒たちの行動に決定的な影響を及ぼし、教師が抱く期待が必ず実現するという〝ピグマリオン効果〟が生じる。経済においても、〝インフレ期待モデル〟で同じような現象が起こる。たとえば、2012年末のスペイン国内総生産が1・5パーセント低下する〝予言〟がなされると、現実にそのとおりになるといった具合だ。

もちろん、スポーツでも似たようなことが起こる。心理学者のロバート・バンスリーは、ホッケーのカナダ代表選手の40パーセントが1月から3月生まれ（普通なら25パーセントのはず）だと「発見」した。それはなぜか。学校のクラスは同じ年に生まれた生徒で構成される。つまり、低学年の間は最初の3ヶ月に生まれた子どものほうが、最後の3ヶ月に生まれた子どもよりもフィジカル面で〝強い〟からだ。

考えという種をまき、行動という収穫を得よ
行動という種をまき、習慣という収穫を得よ
習慣という種をまき、人柄という収穫を得よ
人柄という種をまき、運命という収穫を得よ

ウィリアム・サッカレー（1811〜1863／イギリスの小説家）

モウリーニョのような〝予言の力〟が欲しかったら、誰よりも努力しなければならず、すべての物事について入念に準備しなければならない。「これから何が起こるだろうか」ではなく、「起きること」を口にしなければならない。そして本当にそうなったら、自分が結果を予測したのだと思い出すのだ。それにより、〝スペシャル・ワン〟の能力が備わっていくはずだ。

「サッカーは人生みたいなものだ。今日を生きろ。明日は何が起こるか分からないのだから」
ジョゼ・モウリーニョ（2011年3月17日）

予言者としてコマーシャルに出る

2005年5月、ジョゼ・モウリーニョはロバート・デ・ニーロやタイガー・ウッズなどの著名人の後を継ぐ形で、アメリカン・エキスプレスのクレジットカードの広告に出演した。同社いわく、「勝ちたいという監督の意志には、当社のブランドの精神が反映されている」ためらしい。

1分に及ぶコマーシャルはこんな感じだ。モウリーニョは娘と家で朝食をとっている。トースターからパンが飛び出す前に、彼は皿を用意し、飛び出してきたパンを受け止める。次に車で（後ろに娘を乗せて）家を出るが、ふと車を止めると、ボール、男の子とその母親、そしてベビーカーがさっと車の後ろを通り過ぎていく。そして学校で車を降りて傘を開くと、雨が降り出す。オフィスではうっかりコーヒーをかけられてシャツが台無しになるが、もちろん万が一のためロッカーにまったく同じシャツがもう1着入っている。試合前の作戦会議ではホワイトボードを駆使して、当時指揮したチェルシーの選手たちにコーナーキックでどうやって点を取るかを説明し、当然ながらそのとおりの試合展開になる。

そして、コマーシャルの最後に英語でこう言う。

「私の人生は常に前進し続ける。だから、私のカードはアメリカン・エキスプレス」

世界的に有名なクレジットカードのイメージキャラクターに抜擢されることほど、勝ち組の戦略家にとって名誉なことがあるだろうか。

未来の生活はこうなっている

ジョゼ・モウリーニョは自分の戦略を、可能性としてではなく確信として計画している。換言すれば、あいまいで現実味の低い言い方でなく、確信に満ちた表現を使うのだ。

モウリーニョは勝者を気取り、敗者であることを嫌う。そのことは自分でもちゃんと心得ている。本当の予言者とはどういう人間だろうか。それは物事を実際に操る人物、つまり絶対的な確信に基づき、適切な方向性のもと、極限まで努力する人物だ。モウリーニョはたゆまぬ努力と抜群のアイデア、優れた解決策の組み合わせによって、少なくとも他の凡人よりも15分先を行く。


「すばらしいアイデアはそのときの15分先にあるものであって、何光年も先にあるものではない」

ウディ・アレン（アメリカの映画人）

最先端のテクノロジーに関する当代きっての論客の1人で、『ニューヨーク・タイムズ』紙のテクノロジー部門長でもあるニック・ビルトンは、『I Live in the Future & Here's How It Works』(日本未発売)という本を出した。同書は年表形式で、次世代におけるインターネットの使われ方、ウェブテクノロジーの興亡、ソーシャルネットワークや通信メディアの見通しなどを考察した本だ。同書で記されている未来像は、かなり実現される可能性が高い。なぜならビルトンは傾向を分析するだけでなく、うまくいくサービスとそうでないサービスに関して最も影響力を持つ人物だからだ。

コンピューターマウスの〝父〟であるアラン・ケイは、「未来を予言するための最善の方法は、未来を造ることである」と言っている。またイギリスの元首相で、ノーベル文学賞を受賞したウィンストン・チャーチルはこうも。「歴史の中で私が取り上げられることはあまりないだろう。それは、私自身が歴史を書こうと思っているからだ」

「モウリーニョがレアル・マドリードに何をもたらすかなんて分かるわけがない。私は占い師ではない」

ホセ・アントニオ・カマーチョ(2010年9月10日/中国代表監督)

4. 個人よりも〝チーム〟を重要視すべし

「どの選手とも、特別な関係を築こうとは思わない。私は個人的な対話が大嫌いだ。選手がトロフィーを勝ち獲るのではない。トロフィーを勝ち獲るのはあくまでチームであり、グループだ」

ジョゼ・モウリーニョ（２００４年６月／チェルシーの監督就任時）

チームは個人の集まりではない

「チームに最も力を与えるのは、チームとしてプレーする能力だ。1人や2人の偉大な選手を抱えるよりも重要なのは、全員一丸となってプレーすることだ。私の中でそのことははっきりしている。優れたチームとは、優れた選手が存在するチームではなく、一丸となってプレーするチームのことである」

ジョゼ・モウリーニョ（『モウリーニョ どうしてこんなに勝てるのか？』〈ブルーノ・オリヴェイラ、ヌーノ・アミエイロ、ヌーノ・レゼンデ、リカルド・バレット著、講談社刊〉より）

ジョゼ・モウリーニョはリスボンのＩＳＥＦ（Instituto Superior de Educación Física、高等体育教育学院）に入学した際の思い出として、レフ・パヴロヴィチ・マトヴェーエフの著書『Fundamentals of sports training』（日本未発売）が悪い意味で印象に残ったと振り返っている。この本は、運動とスポーツに関する書籍では「最高峰」「バイブル」と絶賛されているが、若きモウリーニョはまったく納得せず、「個人競技で役立つ能力と、サッカーのような集団競技で役立つ能力との間に、関連性はまったくない」と断言している。

実際、２人の人間が集まれば、そこには相乗効果（個別に得るよりもよい結果が得られること。すなわち、そちらのほうが望ましい）、あるいは相殺（残念ながらこちらのほうが多い）が生じる。２人でも、11人でも、二十数人でも、効果という点で見ればチームメイトの関係性は平等ではない。そもそもチームは即興では作れない。モウリーニョはそのことを熟知している。

選手への手紙

強いチーム作りは、共通のビジョンのもとで着手しなければならない。ジョゼ・モウリーニョはどのようにしてそれを成し遂げたのだろうか。

シーズンが始まるたび、モウリーニョは選手たちへ手紙を書く。たとえば、２００４年の夏にチェルシーの選手たちの手元に届き、ルイス・ローレンスによる『モウリーニョのリーダー論　世界最強チームの束ね方』(ルイス・ローレンス 著、実業之日本社刊) に収録されている手紙には、次のようなことが書かれている。

「チャンピオンになることを常に目的としなければならない。日々の行動の目的、途切れることのないモチベーション、今このときから我々を導くべき光。すべてのトーナメント、すべての試合、サッカー選手としての経歴や社会生活の1分1秒を、チャンピオンになるために集中させなくてはならない。もう一度言う。チャンピオンになるのは我々だ」

モウリーニョは選手の信頼を勝ち得る男であり、会話のアーティストだ。クラブ全体に対しては、選手たちが1日も早くクラブとその文化になじめるよう、必ずクラブの国の言葉で指導する。しかし、面と向かって選手と話すときは、選手の母国語で指導する。したがって選手との関係作りにあたって、彼が用いる手法は半分が心理的な、残り半分が言語的なものである。

団結としての愛情

ホルヘ・コスタ (モウリーニョ時代のFCポルトのキャプテン) は、ジョゼ・モウリーニョとの関係性について尋ねられた際に、さらりとこう答えた。

「どうやって関係を維持しているかって?　悪いがそんなことは分からない。人が誰かを愛するのと同じようなものさ。愛するってことが何なのかは説明しにくいだろ?　基本的に俺たちの関係はとても純粋かつ自然で、説明しようと思ってもすごく複雑なんだ」

愛情によって生まれる効果ということらしい。

哲学者のホセ・アントニオ・マリーナは愛について、「自分の仲介によって他人が幸福になってほしいという願望、またその人と共に歳を重ねることに対する充実感と喜び」と定義している。また『知能礼賛――痴愚なんか怖くない』（近代文藝社刊）の中では、成り行き任せにしていると知能は劣化してしまうと述べている。

マリーナの説明によると、知能は知的能力（テストで測る知能）とその知的能力を用いた行為（実用的な知能）という、2つの異なる階層に大別されている。それにより、認識力や知能の劣化や、情緒の劣化を区別している。

「私の学生たちには、愛という単語を使うなと厳命している。重要なのは他人によってどのように感じるかを問うことではない。他の人と一緒に何をしたいかである」

ホセ・アントニオ・マリーナ（哲学者）

愛というものは、人間という存在と同じく、とても複雑なものだ。だからギリシャ人は、愛について述べる際にいろいろな言葉を駆使した。たとえば官能の愛、兄弟愛、偏愛、または不朽の愛。その昔、このような格言を遺した人がいた。

「欲望や執着にさまざまな形があるように、愛にもさまざまな形がある。愛に付随する感情（喜びや悲しみ、平静や恐怖、嫉妬や退屈）と愛とを混同してはならない。感情はいとも簡単に変化するが、愛は安定しうるものだからだ」

「あなたには人の尊敬を勝ち得る不思議な力がある。あなたに対する恐怖と愛情がごっちゃになってしまうのだ」

トム・ダフィ（映画『スーパー・チューズデー～正義を売った日～』のポール・ジアマッティ役）

「モウリーニョはレアル・マドリード・ファミリーの父だ」

クリスティアーノ・ロナウド（２０１０年10月29日）

チームを作るには、練習と同じようにプレーせよ

「毎日選手たちと一緒に仕事しているが、一所懸命やるということはちゃんとプレーできる証であり、そうでなければちゃんとプレーできない状態を指す。私はそのことを心得ている」

ジョゼ・モウリーニョ

監督としてのジョゼ・モウリーニョの能力の中で際立っているのは、間違いなく〝チームを作る〟能力だ。他のクラブが選手個々人のポテンシャルに依存するいっぽう、モウリーニョがチーム作りの第一条件に挙げているのは選手間の相互理解とグループとしての自覚だ。モウリーニョはいつもこう主張する。

「私の役目は、指揮官としてチームのスピリットを守ることだ。私は選手全員を平等に見る。なぜなら、トロフィーを勝ち取るのはチームだからだ」

リスボン工科大学運動機能学部教授であり、モウリーニョの恩師であるマヌエル・セルジオは、「モウリーニョはきわめて優れた才能の持ち主で、小鳥を狩る猫のような目つきをしている」と評す。さらにこうも言っている。

「レアル・マドリードのどの選手も、クリスティアーノ・ロナウドでさえも、レアルというクラブを超えることはできない。逆にクラブに比べれば、個々の選手ははるかに小さな存在だ」

偉大な監督に共通して言えることだが、モウリーニョも練習をきわめて重視する。ただし彼と他の監督たちの違いは、練習の方法論そのものだ。モウリーニョの練習はとにかくボールを中心として行われ、正確さを最重視している。練習で彼が目指す（そして実際に成し遂げる）のは、試合という課題に対し、選手全員がまったく同じように対応することなのだ。その目的は、最高のパフォーマンスを維持することにより、最高の見返りを獲得することにある。サッカーという競技全体を見た場合、実はフィジカルはそれほど必ずしも重要ではない。ここで、モウリーニョの勝利の秘密を詳しく見ておこう。

練習では、テクニカルチームがモウリーニョと必ず行動を共にする。練習開始前に、テクニカルチームが詳しい練習内容を再確認する。チームスタッフ全員が完璧に連携しながら選手たちに伝達し、すべての練習をうまく機能させるようにするためだ。テクニカルチームの最重要人物はフィジカルトレーナーのルイ・ファリアで、最初のミーティングの終了後はチーム全体を担当する。モウリーニョから全幅の信頼を得ており、場合によってはモウリーニョの代わりを務めることもある。彼の練習では必ずボールが使用され、1つ1つのトレーニングを楽しめるようになっている。二番目に重要な人物が、GKのコーチであり、FCポルトの頃からモウリーニョと行動を共にしているシルビーニョ・ロウロ。たいへんなジョーク好きで、選手たちと密に接しており、チームの選手全員ときわめて良好な関係を保っている。ファリアと同じく、シルビーニョは最初のミーティングを終えると、GKをグループから分け、GK用の準備を始める。

ジョゼ・モライスは、モウリーニョのテクニカルチームの中で最も新しい人物だ。彼が担当するのは、ライバルチームと自分のチームの情報をモウリーニョに知らせること。目立つことを嫌い、常に裏方に徹している。

最後に挙げるのはアシスタントコーチのアイトール・カランカ。モウリーニョはレアル就任時にカランカを呼び寄せた。なぜなら、クラブの古株の人間を活用したかったからだ。カランカはずっとレアルにいた人物だ（1997年から2002年の5シーズンをレアルでプレーし、約150試合の公式戦に出場。リーグ戦で1回、チャンピオンズリーグで3回、インターコンチネンタルカップで1回、スーペルコパで2回優勝）。

モウリーニョはどのクラブを指揮するときも、必ずそのクラブの古参を頼りにする。チェルシーではアヴラム・グラント、インテルではジュゼッペ・バレージ、そしてレアルではカランカ。チームディレクターのミゲル・パルデサによれば、その理由は「用心深い人物であり、それなりの経験を積んでいたから」だそうだ。カランカはモウリーニョから寄せられた信頼にしっかり応えている。モウリーニョと非常に近く、練習中も常に彼のそばに寄り添っている。モウリーニョの方法論を完璧に理解しており、場合によってはモウリーニョに代わって記者会見を行うこともある。

「仲間内の隠語では、〝カランカする〟とは、何か問題が起きたときに自分の助手に責任を取らせることを指す」

ダビ・トルエバ（2012年1月12日／レアルサポーターの作家兼映画監督）

テクニカルチームの中でも練習全般に関してモウリーニョの右腕と言えるのはファリアだ。2001～02シーズンにモウリーニョがウニオン・レイリアで監督デビューしたときから、ファリアはずっとモウリーニョと一緒に仕事をしている。モウリーニョもファリアも身体活動科学とスポーツ科学の学位を持っているため、フィジカルプレパレーション（訳注：肉体面での準備）全般にわたって共同でマネジメントできる。

ここで、2人が一緒に仕事をするようになったいきさつを説明しておくべきだろう。モウリーニョより12歳年下のファリアは、初めて会ったそのときからモウリーニョに魅了された。2人の出会いはまるで、映画のシナリオ。熱狂的なサッカーファンだったファリアは、ちょうどフィジカルプレパレーションの研究課程を終えようとしていたところで、当時モウリーニョがアシスタントコーチをしていたFCバルセロナでどうしても働きたかった。そこでファリアはカンプ・ノウに電話をかけ、運よくモウリーニョと話すことができた。するとモウリーニョはこう答えた。

「電話で長々と説明するより、実際に見たほうがずっといい。そっちのほうが簡単だ。バルセロナへ来て、私たちのクラブでの仕事を直接見なさい」

そこでファリアはバルセロナへ赴き、モウリーニョと知り合いになった。このとき、彼らの間に特別な化学反応が生まれたのだ。2人とも母国語のポルトガル語で話せるため、コミュニケーションは何ら問題なかった。クレバーなファリアは、モウリーニョの哲学の概念をあっという間に把握した。それを喜んだモウリーニョは、「論文が完成したら送ってくれ」と頼んだほどだ。ファリアを非常に気に入ったモウリーニョは、「将来、監督デビューを果たしたら、おそらく一緒に仕事をすることになるだろう」とも予想していた。その予想は現実になる。大学で教鞭を執っていたファリアのもとに、モウリーニョから「ウニオン・レイリアで一緒にやらないか」とオファーがあったのだ。二つ返事で誘いに応じたファリアはそれ以来11年間、5つのチームと4つの国をモウリーニョと共に渡り歩いている。モウリーニョとファリアとの連携を知らずして、モウリーニョを理解することはできないのだ。

ファリアはモウリーニョの練習の方法論を、次のような答えで弁護する。

「ピアノの周りを走り回っているピアニストなど見たことがないでしょう? ならば、フィールドの周りを走り回る必要はありません。やるべきことは戦術の実行です」

2人は選手から肉体的な訓練を切り離すことは絶対にしない。ボールを使うトレーニングにも肉体的トレーニングの要素を採り入れる。したがって、ボールなしでフィールドの周りを走るだけのウォーミングアップも行わない。

ちなみにファリアは、2011〜12シーズンに何度か退場を食らっている。12月3日にエル・モリノンで、イトゥラルデ・ゴンサレス主審に「恥さらし」と暴言を吐いて退場処分を受け、国王杯でマラガと対戦中のサンチャゴ・ベルナベウでは、ベンチを離れてテイシェイラ・ビティエネス主審に「両腕を高く挙げ、判定に対して大声で露骨に抗議」したために退場。2月26日にはバジェカスで「第4の審判からすでに指摘されていたにもかかわらず、ベンチを離れて両腕を高く挙げ、審判の判定に対して大声で繰り返し抗議したため、フェルナンデス・ボルバラン主審により退場を言い渡された。そして3月21日にはビジャレアル戦で「テクニカルエリアを離れて判定に抗議した」ため、パラダス・ロメロ主審により退場。4ヶ月足らずの間に、モウリーニョの〝分身〟に対して4度の退場が言い渡されたわけだ。

「ルイは正真正銘、私の分身だ」

ジョゼ・モウリーニョ（ルイ・ファリアについて）

モウリーニョは量よりも質を重視し、練習時間をむやみに延長しない。したがって、トレーニングは試合と同じスペース、時間、ルールで行われる。選手たちは片ときも気が抜けない。そのため、モウリーニョの練習セッションでは時計が必要不可欠なツールになっている。最初に決めた目的を成し遂げるために設定した時間をオーバーしないよう、モウリーニョは頻繁に時計を気にする。

練習時間はとても厳密に守られ、選手から変更を要求されても一切認めない。それを示すよい例として、レアルのキャプテン、イケル・カシージャスとの次の会話（2010年9月22日）を。

カシージャス「監督、練習を1時間遅らせてほしいんですが。そうすればみんな子どもたちを学校へ送っていけるので」
モウリーニョ「君には子どもがいるのか？」
カシージャス「いいえ、でもチームの中に家庭を持っている人たちがいるんです」
モウリーニョ「それなら君が練習時間を気にすることはないだろう。子どもがいる選手は少数派だ」

「モウリーニョとはいろいろ意見の食い違いがあるが、いい関係ではある」

イケル・カシージャス（2011年8月29日）

ボールが常に使われることや、短い練習時間は、選手たちにとっては大きな魅力だ。なぜなら最大限の緊張感と大きなモチベーションを持って、毎日の練習に臨めるからだ。モウリーニョは、選手たちの水分補給時間も含めて練習のありとあらゆる面を支配する。他のことに気を取られていると、水を飲まないままになってしまうからだ。

モウリーニョはいつも、過去のミスをわざわざ持ち出して選手たちを挑発する。1つ1つの練習に最大限に集中させるためだ。挑発の例は、レアルのDFファビオ・コエントランに対する次の言葉からも見ることができる。

「行け、ファビオ！　3回も外しているんだぞ！　3回もシュートを外すやつなんか見たことがない! 違うか?」

「モウリーニョとの練習はいつも必死だ。そうやって練習していれば、試合でもおのずと必死にプレーすることになる」とマルセロは言う。クリスティアーノ・ロナウドは、「スペクタクルな練習だ」と評する。ペペは「練習はとてもハード」だと思っている。ゴンサロ・イグアインは「練習はきついが、いつもボールを見ているから、俺はプレーヤーなんだと実感できる」という。モウリーニョの指導法が、選手たちから賞賛されているのは明らかだ。

「彼は、我々がなりたいと思う監督の中でもトップクラスに位置する男だ」

マヌエル・セルジオ(ジョゼ・モウリーニョの恩師)

5. 自らを鼓舞せよ——モチベーションの〝魔術師〟になるための方法

「魔法とは監督の頭脳から生じるものではない。役者の心から生まれるものだ」

ジェームズ・キャメロン（映画『タイタニック』『アバター』の監督）

ジョゼ・モウリーニョは、選手の才能を活かして勝利をつかむ魔術師だ。なぜなら、才能とは能力（安定した要素）であると共に、意欲（変動しやすい要素）でもあることを知っており、その考えを愚直に守っているからだ。意欲とは人が何かをするときにつぎ込む気力と見るべきであり、モチベーションの度合いによって左右される。

哲学者のホセ・アントニオ・マリーナは著書『Los Secretos de la motivación』（日本未発売）で、「モチベーションとは我々人間を衝き動かす気力を表す用語」だと述べている。長い歴史において、我々はいつでも、モチベーションは欲望の産物だと心得ている。たとえばアリストテレスは、人間は〝欲望を抱く知性〟と〝知性的な欲望〟のいずれかであると考えた。聖アウグスティヌスは「人間はそれぞれ、何かを愛する存在である」と考え、オランダの哲学者スピノザは「人間の本質は欲望である」と断言した。

モチベーションは次の3つの要素で成り立っている。

- 欲望
- 目的（人が到達したいと思う未来）
- 目的に到達するための手助けをするリーダーの存在

また、「モチベーションを上げる」ため、モウリーニョが採用する8つの指導プログラムは次のとおりだ。

- 褒美
- 懲罰
- 模範
- 情報の選択と信念の変化
- 願望や感情の変化
- 理論

- 訓練、およびコーチング
- 〝道をならす〟、すなわち学習を妨げる要素を取り除くこと

人は誰もが同じ欲望を持っているのだろうか。それはノーでもあり、イエスでもある。ある決まった瞬間で個人的に物事を考えるならノーだ。イエスと言えるのは、人間には次の3つの大きな欲望があり、それらは誰もが多かれ少なかれ共通して持っている。①人として豊かになりたいという欲望。②集団の一部として認められたいという欲望。③成長したい、自分の行動の可能性を広げたいという欲望。これらの欲望は、（できる限りうまく）作用し、相互に結び付きながら、成長する上でのモチベーションとなる。

「モチベーションに訴えることは、人間性の最も深いところ、すなわち選ぶ能力、自由に訴えることである」

ホセ・アントニオ・マリーナ（哲学者／『Los Secretos de la motivación』〈日本未発売〉より）

モウリーニョのように傑出したリーダー、監督を目指すならば、前述した8つの指導プログラムを達成可能な範囲で適切に駆使し、選手のモチベーション（最初のモチベーションのみならず、練習を継続しようとするモチベーションも）を刺激する必要がある。また、疲れや落胆、

無関心、誘惑、問題の先送り（選手の要求を後回しにする）など、選手のモチベーションに悪影響を及ぼすような障害を取り除いてやる必要もある。

小クラブの原動力としての野心――ウニオン・レイリアの場合

ジョゼ・モウリーニョは中学校の教師や、エストレラ・アマドーラでマヌエル・フェルナンデスのアシスタントコーチを務めた後、1990年代にヴィトリア・セトゥーバルのアシスタントコーチになった。その後、ボビー・ロブソンと共にスポルティング・リスボン、FCポルト、FCバルセロナ（1996～97シーズン）を渡り歩き、ルイス・ファン・ハールに師事してバルサに2シーズン残った（ファン・ハールにとってモウリーニョは「耳の痛いことを忠告してくれる唯一の人物」だったようだ）。ボビー・ロブソンは、「アシスタントコーチとしてニューカッスルへ一緒に来ないか」とモウリーニョを誘ったことがある。しかし、それでは同じところをぐるぐる回っているだけだと考えたモウリーニョは、「今こそ監督として主役に躍り出るときだ、一か八かやってみよう」と決心した。そして、彼の母国における伝説的なベンフィカの2000～01シーズンがやってきた。

「ベンフィカでは長く過ごせなかった。大統領が変わった上に、国会議員選挙と重なったのが災いした。しかし私にとって一番大事なのは、ビッグクラブのベンフィカが、監督経験のなかった私にチャンスをくれたことだ。ベンフィカでの最後の試合はスポルティング・リスボン戦で、3－0で勝った。その後に就任したウニオン・レイリアは小さなクラブだが、リーグ4位というすばらしい結果を出せた」

ジョゼ・モウリーニョ

ポルトガルの小クラブ、レイリアでの前任者マヌエル・ホセは、自分の後任が誰かを知らされたとき、「もしモウリーニョが、ここがジャングルで自分がターザンだとでも思っているなら、それは大間違いだ」と吐き捨てたそうだ。だがモウリーニョがターザンよりもずっと利口だったことは間違いない。ファン・ハールやボビー・ロブソンのアシスタントコーチとしてサッカーの世界はよく知っていたから、罠にはまることはなかった。

何かのタイトルを獲得する可能性が皆無に等しい状態で、どうすればチームのモチベーションを高めたり、ファンに夢を持たせて熱狂させたりできるだろうか。投げやりになってしまいがちな状況下で、モウリーニョは最初にある約束をした。自分がもっと大きなクラブを指揮することがあったら、いい働きをした選手を一緒に連れて行くと。その結果、ヌーノ・バレンテとチアゴ・メンデスとデルレイがその恩恵にあずかったわけだが、3人ともそのチャンスを活かせた。レイリアの監督として、モウリーニョは20戦4敗、最後の5試合では5連勝。そして、強豪クラブの1つであるFCポルトの監督に就任する。

ベンゼマの〝怒り〟

「お前しかチームにいないなら、12時に練習を始めないといけないな。お前は10時まで寝ていて、11時まで寝ぼけているのだから」

ジョゼ・モウリーニョ（練習後のベンゼマへの言葉）

レアル・マドリードのFW、カリム・ベンゼマは、2011年に『フランス・フットボール』誌でFCバルセロナのエリック・アビダルと、リヨンのGKウーゴ・ロリスを抑えて最優秀フランス人選手に選ばれた。その授賞式の席上でベンゼマは、監督のジョゼ・モウリーニョが自分の内なる〝怒り〟を引き出し、より優れたサッカー選手に変わることを助けてくれたと打ち明けた。

「その〝怒り〟は前々から自分の中にあったのですが、モウリーニョは小さな揉め事を起こすことでその〝怒り〟を引き出し、挑発しました。今も自分の中には〝怒り〟がある。フィールドでは一切見せないけれど」

2011年の初めにベンゼマはモウリーニョと1対1で話し合い、「いろいろなことが変わった」と言う。

「監督とそういうふうに対話するのに慣れていなかったけど、自分自身も監督と話してみたいと思っていた。監督が本当は私に何を求めているのか、それが知りたかった」

モウリーニョはいつも自分のプレーを信頼し、「私を正しい道に引き戻してくれた」とベンゼマは賞賛している。

その話し合いが行われたのは、モウリーニョが「ゴールに対するハングリーさが足りない」と言って公然とベンゼマを批判した後だ。当時ベンゼマはヘルニアに苦しんでおり、南アフリカW杯で代表落ちしたことで悲嘆に暮れていた。レアル入りしたときの移籍金は3500万ユーロだった。「監督はとにかく厳しい。僕を高く評価していて、いつも私の可能性を信じてくれていることの裏返しだろうけど」とベンゼマは語る。彼にとってモウリーニョは、「絶対にチームを裏切らない監督」なのだ。

ベンゼマの野望とは何だろうか。同じインタビューで母国のマスコミに答えたとおり、ベンゼマが求めているのは「ジダンの後継者になる」ことだ。ジネディーヌ・ジダンは世界のサッカー界における英雄の1人であり、ある年代のフランスの選手にとってのカリスマ的存在だ。1998年のフランスW杯と2000年の欧州選手権では代表として優勝、レアルではスペインリーグとチャンピオンズリーグで優勝（グラスゴーでの決勝戦では決勝点をマーク）している。2010年11月からはモウリーニョの要請に応じてレアルの特別アドバイザー、いや、事実上のスポーツディレクターを務めている。

負けても冷静であること

「敗北したという明白な事実を穏やかに、冷静に、謙虚に、そしてはっきりと受け入れよう。限界に挑み、〝不可能な〟戦いに勝つための有効な足がかりは、それしかないのだから」

サンチャゴ・アルバレス・デ＝モン（『Aprendiendo a perder』〈日本未発売〉より）

ジョゼ・モウリーニョは勝つことに慣れた監督だが、それ以上にすごいところは、負けたときでも平然とした顔を見せることだ。

２００７年５月６日のことだ。チェルシーはエミレーツスタジアムで、ホームのアーセナルとプレミアリーグの試合を戦った。〝ブルーズ〟（モウリーニョ率いるチェルシー）が勝てばイングランドのチャンピオンを獲得し、アーセナルが勝つか引き分けならタイトルはマンチェスター・ユナイテッドに行ってしまうという、重要な一戦だった。

それまでモウリーニョは、５つの大会で５冠というかなり恵まれたシーズンを送っていたが、ここではそうはいかなかった。アーセナルのＭＦジウベルト・シウバが前半45分に先制する。後半25分にチェルシーのＭＦマイケル・エッシェンが同点にしたが、ときすでに遅し。結局、アレックス・ファーガソン率いるマンＵがプレミアリーグを制した。

しかしこの敗戦で、モウリーニョが見せた行動は圧巻だった。フィールドに入り、相手チームのGKであるイェンス・レーマンに歩み寄ると、固い握手で彼を祝福し、また歩き出した。そしてチェルシーのサポーターたちのところへ向かい、顎の辺りまで手を挙げ、頭を上げろという仕草をしてみせたのだ。チームは力の限りを尽くして戦った、最高の威厳に満ちた敗戦だと。

しかし、それでシーズンが終わったわけではない。3日後の2007年5月9日には新装のウェンブリースタジアム（この試合がこけら落とし）で、マンUとの第126回FAカップの決勝戦が控えていたのだ。マンUはプレミアを制覇したことで気が緩んでいたいっぽう、チェルシーはこの決勝戦に備えて万全の準備をしていた。チェルシーは延長後半11分（延長終了の4分前）のディディエ・ドログバのゴールで勝利した。完全に互角の戦いで、ボールポゼッションは50パーセントずつ、得点機会も4回ずつだった。チェルシーの選手は、試合終了時に「頭を高く上げる」ジェスチャーをしてみせた。最後に笑うのは自分たちだという意味だ。

モウリーニョ体制のレアル・マドリードは、2010～11シーズンのリーグ戦の序盤はあまりいいスタートを切れなかった。まず、マジョルカと0－0、その3日後にもトゥリア川の町（バレンシア）のレバンテとも0－0。まるで湿気を帯びた花火のような不発のシーズン序盤だった。そこでモウリーニョがどのような反応を見せたかというと、「私たちが負けた分のツケは、可哀想なライバルチームにいつか払ってもらう。大量得点で勝たせてもらうことになるだろう」と短く告げただけ。実際にその予言は当たった。デポルティーボ・ラ・コルーニャに6－1、エスタディオ・ラ・ロサレダでホームのマラガに4－1、ラシン・サンタンデールに6－1。その後、19連勝という快挙を成し遂げた。

2010年11月29日。モウリーニョはレアルの監督として初めて、ジョゼップ・グアルディオラ率いるFCバルセロナと相まみえることになった。レアルはリーグ首位チームとしてクラシコに臨んだが、ポイント差はわずか1点。互角の戦いが期待された。

ところが、バルサがレアルに力の違いを見せつけた。最初に3回あったゴールチャンスで2得点（前半9分にシャビ、17分にペドロ）、後半開始直後にはダビド・ビジャが2得点（9分と11分）。そして後半45分に、ジェフレン・スアレスがだめ押しのゴールを決める。エジルもベンゼマもディ・マリアも見せ場を作れず、クリスティアーノ・ロナウドだけが孤軍奮闘していた。その夜の決勝点を決めたビジャにとって、この試合は「文句なしの完勝」となった。

すると、ここで再びモウリーニョの冷静さが顔を見せる。試合後の記者会見ではこうコメントした。

「これは私のキャリアで最悪の敗戦だ。0－5で負けたことなど一度もない。だがすぐに、いたって簡単に消化できる敗戦でもある。なぜかと言えば、勝ち目のまったくない試合だったからだ。負けるはずがないのに負けたとか、審判による何らかの判定が結果に影響したとかいう、後味が悪くて受け入れがたい敗戦ではない。2～3回ゴールポストに嫌われたり、天に見放されて試合に負けたわけでもない。決してそういう負け方ではないのだ。片方のチームが最大限のパフォーマンスを出して戦い、もう片方のチームの戦い方がまずかった、簡単に言えばそれだけの試合だ。（中略）勝つべくして勝ち、負けるべくして負けたということだ」

モウリーニョ自身、この大敗から「今回のバルサは完成品で、レアルにはまだまだ足りないものがたくさんある」という教訓を得た。実際に半年後には、両チームの実力は拮抗していた。2011年4月21の国王杯決勝戦、レアルは延長戦の末に（延長前半12分のクリスティアーノ・ロナウドのヘディングシュートで）タイトルを制する。レアルが国王杯で優勝したのは、18年前のベニート・フローロ体制以来だった。

「私はレアルの選手たちが大好きだ。半年にわたり献身的に働き、歴史的な大敗（カンプ・ノウでの0－5）を喫したのもレアルの選手たちだ。しかし、この半年間で得たものは、プレーの質、自己犠牲、献身、そしてすばらしい結果だった。レアルの選手たちの監督でいられることは、私にとってたいへんな誇りだ」

ジョゼ・モウリーニョ（2010年12月20日）

モウリーニョはときに勝利も敗北も、まったく同じ視点で見る。幸福感もなければ、不快感もない。

２０１１年4月3日、リーグ戦第30節。（前節にモウリーニョがちょっとした論争を仕掛けた）マヌエル・プレシアード率いるスポルティング・ヒホンが、サンチャゴ・ベルナベウで1－0で勝利した。欠場者（制裁により出場不可のシャビ・アロンソ、負傷していたクリスティアーノ・ロナウド、チャンピオンズリーグの予選のため温存していたペペ、プレー不可能だったマルセロ、ベンゼマ、カカ）の多さから、レアルはアストゥリアスからやってきたヒホンを打ち負かすことができなかった。ヒホンはうまくレアルのラインを封じ込め、自軍のチャンスを活かした。その日の記者会見で、モウリーニョはある〝予言〟もしている。レアルが優勝できなければ、自分はスペインから去ると。

この試合で、モウリーニョが監督を務めるチームは9年間ホームで負け知らずという不敗神話が幕を下ろした。２００2年2月25日にＦＣポルトが、たった9人のベイラ・マルに敗れてからの１５０試合かけて達成した記録だ。ポルトでの38試合、チェルシーでの60試合、インテルでの38試合、そしてレアルでの14試合。これはギネスに値する記録だ。ホームでの敗戦という屈辱的な状況で、モウリーニョはどう反応したか。ロッカールームへ行き、相手チームの選手を祝福したのだ。いつもどおりの行動だった。

「彼の振る舞いに感謝しなくては。うちのロッカールームへ祝福に入ってくると、全員に握手を求めたのだ。このことは話さないわけにいかないだろう」

マヌエル・プレシアード（スポルティング・ヒホン元監督）

「物事がうまくいっているときは、私は姿を隠す。だが、うまくいかないときや悪い結果が現れたときは、まったく違う生活をする。たとえば木曜に私はエル・コルテ・イングレス（訳注：デパートの名前）へ行き、映画を見て、食事をした。妻と一緒の時間を過ごし、家事を手伝い、学校へ子どもたちを迎えに行った。隠れたりはしない。我々はここに住んでいるのだから」

ジョゼ・モウリーニョ（2012年1月21日、国王杯でのFCバルセロナに対する敗戦の後）

「1つの試合に負けても、それが世界の終わりではない。新たな勝利の時間の始まりだ」

ジョゼ・モウリーニョ（2012年3月9日）

試合は終わるまで分からない

気力という点から見たジョゼ・モウリーニョの強みの1つが、最後まで戦い抜くという信念だ。2009～10シーズンのチャンピオンズリーグ準決勝、FCバルセロナ対インテルの試合で、前半28分の相手MFチアゴ・モッタの退場にバルサのサポーターは大喜びした。これで勢いに乗ったバルサが、ついに先制、1－0とした（もう1点取れば、バルサがサンチャゴ・ベルナベウでの決勝戦に進出できるところだった）。しかしモウリーニョはジョゼップ・グアルディオラに歩み寄ると「試合はまだ終わっていない」とささやいた。インテルのボールポゼッションは30パーセントにも満たず、1人足りない状態で1時間以上を戦ったにもかかわらず、望みどおりの結果を守ることができた（ついにはサミュエル・エトーをサイドの守備に置く事態にまでなったが）。ディエゴ・ミリート、カンビアッソ、サムエルのみならず、なんと（特にバルサに借りがある）ザネッティ、マイコンのプライドに訴えてまで、キーパーの前に9人もディフェンスを置いたのだ。後半38分にバルサの得点を挙げたジェラール・ピケは「まったくわけが分からない」とこぼしている。

トップチームの監督としてのモウリーニョのキャリアにおいて、そのような例を数え上げたらきりがない。たとえば、FCポルトが2002～03シーズンのUEFAカップ（現ヨーロッパリーグ）でギリシャのパナシナイコスと対戦したときのこと。ホームで0－1で敗戦、パナポルトは苦しい立場になった。パナシナイコスは（ポルトガルでの）2004年の欧州選手権を戦った代表選手を多数抱えていたため、「ホームでも勝てる」という期待に沸いた。だがモウリーニョは、パナシナイコスを率いるウルグアイ人監督セルヒオ・マカリアンに対し、「これ以上喜ぶな。まだ終わりじゃない」と釘を刺した。そして実際に、アテネでのアウェー戦ではデルレイが前半16分にゴールをあげて同点にし、延長13分にさらに得点して0－2。見事、目的を達成した。

翌年のチャンピオンズリーグ、ポルトは準決勝でデポルティーボ・ラ・コルーニャと対戦した。ポルトガルで行われたアウェー戦では0－0。ハビエル・イルレタ率いるラ・コルーニャは準々決勝ではACミランを4－0で下し、優勝候補に躍り出ていた。その間にもホームのリアソールで〝銀河系軍団〟時代のレアルに2－0で勝っている。だが、同じことは続かなかった。ポルトが1－0で勝って決勝戦に進出し、優勝したのだ。

ゲームを支配する者

スペインのプロサッカーの世界では常にチームのサイクルはこうやって始まる。まず監督がクラブの会長と契約を結ぶ。結果が伴わなければ、会長はその瞬間に契約を破棄できる。そうなると監督は失業状態となり、他のクラブからのオファーを待つことになる。

2人の例を紹介しよう。スペイン人のグレゴリオ・マンサーノとミゲル・アンヘル・ロティーナのケースだ。

グレゴリオ・マンサーノ・バレステロスは1956年バイレン生まれ、プロサッカー選手の経験はなく（トップチームの監督にはよくあること）、学校の教師であり心理学者であった。1983年、サンティエステバン・デル・プエルト（ハエン県）で副業としてサッカーチームを指導するようになる。

翌年以降にはハエン県のさまざまなチームを指導した後、1989年に4部リーグ所属のウベダの監督になった。ウベダ、レアル・ハエン、マルトスと歴任した後、3部リーグのタラベラの監督を2シーズン務めた。1998年には2部リーグのトレドに移ったが、そこでの仕事ぶりがバリャドリードの興味を引き、1999年にバリャドリードの監督に就任する。5部以下のカテゴリーで6年、4部リーグで4年、2年のブランクを挟んで3部リーグで2年、2部リーグで1年。16年の監督生活の後に、1部リーグへ上り詰めたわけだ。

バリャドリードの後は5つのクラブを渡り歩いたが、どこも1年ずつだった。ラシン・サンタンデール、ルイス・マテオスがオーナーを務めるラージョ・バジェカーノ、マジョルカ、ヘスス・ヒル前会長時代のアトレティコ・マドリード、そしてマラガ。2005年にはマジョルカと新たに契約を結び、5シーズンを過ごした。そこからホセ・マリア・デル・ニド会長率いるセビージャに移り、さらにエンリケ・セレーゾ新会長のアトレティコに移ったが、よい結果を残すことができず、シーズン途中でチームを去った。ある記者会見での発見だ。

「何を読んでも何を見ても私は驚かない。あなた方はチーム状態がいいときは大きく書かない。だが状況が悪くなると大げさに書き立てる」

グレゴリオ・マンサーノ(2011年12月14日)

マンサーノは2011年12月22日に解雇された。そのとき、マンサーノの代理人マヌエル・ガルシア・キロンはこう言っている。

「マンサーノは常に、どうすればチームを危機から救えるかを考えてきた。しかしサッカーにはときとして不条理な矛盾が存在するから、そのときは甘んじて解任を受け入れるしかない。昨夜グレゴリオと話したが、クラブ側の仕打ちに彼はたいへん傷つき、深く責任を感じ、悲しんでいた。これ以上あまり言えることはないが、『最悪の精神状態だ』とはっきり言っていた。あなた方にもそのつらさは分かるはずだ」

2012年1月10日のラジオ番組で、〝プロフェソール〟(教授・先生の意。サッカー界における マンサーノの愛称)は自らの退団について、「もっと道徳的で紳士的な方法で進めることもできた。違う処遇を受けるに値していたと私は思う」と語っている。

ミゲル・アンヘル・ロティーナ・オルエチェバリアは、1957年にバスク地方のメニャカで生まれた。ゲルニカとログロニェス(当時1部リーグ)で選手生活を送り、1990年にログロニェスの下部組織の監督となった。リオハで3年監督を務めた後に3部のヌマンシアと契約を結び、1996年には国王杯で1部リーグの3チームを破っている。その後、ソリアーノで3シーズンを過ごし、1996~97シーズンには、すでに1部リーグへ昇格していたログロニェスの監督になった。その後もバダホス、ヌマンシア、オサスナ(3シーズン)、セルタ・デ・ビーゴ(2シーズン)、エスパニョールの監督を歴任。エスパニョールでは国王杯を制している。そこからレアル・ソシエダ(2006~07シーズン)に移ってシーズンをスタートしたが、2部降格を阻止することはできなかった。2006~2011年にはデポルティーボ・

ラ・コルーニャを指揮し、インタートトカップを制覇したが、ラ・コルーニャの2部降格を受けて辞任している。2012年3月19日、カステジョン県のチームであるビジャレアル（そのときリーグ17位、降格まで3ポイント差だった）から監督就任のオファーがあった。「状況はよくないが、魅力的な挑戦だ」と、ロティーナはビジャレアルの監督を引き受けると明言。その2日後、〝イエローサブマリン〟（ビジャレアルの愛称）はジョゼ・モウリーニョ率いるレアル・マドリードと引き分けるという健闘を見せた。

「私は世界一幸せな男だ。こんなすばらしい部下がいるのだから」

ミゲル・アンヘル・ロティーナ（2012年3月25日）

マンサーノとロティーナは、1部リーグで12年以上を過ごし、多数のチームを指揮しながら、浮き沈みを味わった監督の例だ。モウリーニョにはそれは当てはまらない。

「前監督のペジェグリーニと同じように私を扱うことはできない。レアル・マドリードが私を放出しても、私はマラガへ行くことなどない。行くならイングランドやイタリアの大きなクラブだ。私にとって、別のビッグクラブを指揮することは何ら問題ない」

ジョゼ・モウリーニョ（2011年3月2日、記者会見で）

モウリーニョは、「自分のクライアント」が誰かをよく知っている。それは自分に年俸を支払う者、つまりFCポルトやチェルシーであろうと、インテルやレアルであろうと、各クラブの最高権力者である会長だ。したがって、ホルヘ・メンデス（サッカーの監督として、歴史に残る破格の大型契約を勝ち取った2004年以降、モウリーニョの代理人を務めている）は常に次の動きを待っている。先に述べたとおり、いったんビッグクラブに入ると、モウリーニョは〝カペッロ主義〟（レアルの元監督ファビオ・カペッロが実践した、配下の選手の誰よりも高い年俸をもらうことで、フロントの一時的な感情によって解任されないようにする手法）を適用し、クラブ内の全権を掌握する。チームが最も大事なものである以上、モウリーニョがチームを代表するのだ。

「偽善者になるかどうかは君たちの問題だ。私は偽善者よりも臆病者のサンドバッグになることを選ぶ。それが私の生き方だし、死ぬときはみな平等だからだ。毅然として、怖れることなく真実を口にする」

ジョゼ・モウリーニョ（2011年3月2日、記者会見で）

空気を変えるとき

4つの国でプロとしてこれほどのキャリアを成し遂げるためには、必要に応じて「空気を変える」必要がある。我々には、仕事の期間を長く取りすぎてしまうばかりに、学習曲線が低下してしまうことがある。だがジョゼ・モウリーニョにそれは当てはまらない。FCポルトでもチェルシーでも、インテルでも今のレアル・マドリードでも、彼は常に2～3年しか在籍していない。

才能開発の大家といえば、ワシントン大学名誉教授で、夫婦療法から、うまくいく夫婦関係とそうでない夫婦関係の分析に至るテーマを40年にわたって研究しているジョン・ゴットマンが挙げられる。発表した学術論文は190本、書籍は40冊に上る。ゴットマンは人間関係(たとえば夫婦など。本項の場合はクラブの会長と監督)を長続きさせるための7つの原則を説いている。

1 〝愛の地図〟をはっきりさせること。〝愛の地図〟とは、脳内にある相手についての情報を記憶する場所だ。相手の希望をできる限り長く保つには、相手を本当に知り、相手の夢や希望、興味を知ることが不可欠。

2 賞賛の心を育むこと。具体的に言うと、相手に対して肯定的な認識を持ち続け、相手の個性を尊重し、認めること。

3　離れるのでなく近づくこと。相手の生活のほんの一瞬一瞬を認識し、助言することで、感情のつながりを可能にする。

4　相手からの影響を受け入れること。人間関係において自分の個性を維持することは重要なこと。しかし、ときには相手に譲ることも重要。双方が互いに影響し合えば、より高いレベルで互いを尊重し合えるようになる。

5　解決できる問題をすべて解決すること。その際に重要なのは解決すべきすべての問題において、必要な妥協点を見出したり、相手の誤りを許容したりすること。

6　停滞を避けること。互いの大きな違いを乗り越えられるのは、相手を深く知り、高いレベルで共感しているときだけである。

7　習慣、伝統、役割、シンボルを通じて価値観を共有すること。

「競争相手の大部分は自分のイメージの中にあるということを、我々は自覚している」

フロレンティーノ・ペレス（レアル・マドリード会長／2012年3月22日）

ゴットマンは、「人生における目的とはベルクロ（訳注：マジックテープのこと）の発明者のようになることだ」と述べている。発明者の名前は誰も知らないが、ベルクロは世界中に普及しているではないか。

また、ある夫婦の会話（15分もあればいい）の分析から、ゴットマンと彼のチームは、その夫婦がその後も円満な結婚生活を続けられるかどうかを90パーセント以上の精度で予測できる。その鍵となるのは、2人の間で、あるネガティブな感情に対して少なくとも5つのポジティブな感情が生じているかどうかにある。著名な精神療法医でもあるゴットマンは、ある関係における4つの潜在リスクとして、絶え間ない批判、軽蔑、消極的な態度、守りに入った戦術を挙げている。

モウリーニョの場合も同様なのだろうか。FCポルトやチェルシー、インテル、レアルの監督に就任して最初の記者会見を終えていざ立ち去ろうとしたときに、「前よりも幸せそうに」見えていたのだろうか。簡単に真実を言い当てるのは不可能だが、ありえることだ。マスコミ、不満を抱いたサポーター、ライバルとの戦い……。どれを取っても、モウリーニョにとっての〝アキレス腱〟となりうる。

「レアル・マドリードにいられて幸せだ。すばらしい経験をさせてもらっている。レアルはサッカー史上最大のクラブだと私は思っているので、ここで仕事をするチャンスを失うわけにはいかなかった。しかし私が本当に好きなのはイングランドなので、もしたっぷり時間があるなら、次はまたイングランドに戻ることになるだろう」

ジョゼ・モウリーニョ（2011年12月26日、BBCのインタビューにて）

ジャーナリストであり、スクープの名人でもあるサンドロ・モデオは、著書『El entrenador alienígena』（日本未発売）の中で、「若かりし頃のモウリーニョのアイドルは、ハコア・ウィーンのハンガリー人MF、ベーラ・グットマンだった」と書いている。グットマンはブダペスト生まれで、心理学の学位を取り、第二次大戦中にポルトガル語を学んで、5ヶ国（ハンガリー、ポルトガル、ブラジル、イタリア、ウルグアイ）のリーグで優勝した。ベンフィカでは、UEFAチャンピオンズカップ（現チャンピオンズリーグ）で1961年と1962年に2連覇している。モウリーニョは1963年生まれでベンフィカのファンだったため、グットマンは彼の手本の1人となっている。グッドマンは、サッカー全体を言葉と行動で示した人物だった。「チェルシーとインテル時代のモウリーニョの哲学は、グットマンが示した哲学からそれほどかけ離れていない」とモデオは述べている。

心理学の学位を持つグットマンは、監督の仕事をライオンの調教師の仕事と比較して、「檻（サッカーのグラウンド）の中からショーを演出し、怖れることなく自信を見せつけること」と言っている。「人間を催眠状態にするエネルギーが不安定になったと感じ、さらに不安の兆候が現れてきたと気づいた瞬間」その仕事は終わる。そのため、「3年目が正念場だ」とグットマンは考えていた。

3年目が正念場とはどういうことか。モウリーニョはレアルと2014年まで4年間の契約を結んでいるが、そこには1つの指針が見られる。モウリーニョは、ポルトで127試合（2002年1月から2004年5月まで。勝率72パーセント）、チェルシーでは185試合（2004年6月から2007年9月まで。勝率67パーセント。ただし3年目は除外）、インテルでは98試合（2008年6月から2010年5月まで。勝率62パーセント）、そしてレアルでは100試合以上（2010年5月31日以降。勝率77パーセント）で采配を振るっている。これまでの19個のタイトルのうち、7個は1年目、10個は2年目、3年目は2個（チェルシーでのFAカップとリーグカップ）だ。

「4年契約を結ぶときには、その任期を全うするつもりでいる。インテルのようなチャンピオンチームを去ってレアル・マドリードへ行くときには、1年だけとか、途中で去るようなことはしない。ファンや選手、役員会が私と同じ道を歩んでいると感じたい。我々みんなが共にこの計画を信じれば、私は間違いなく今後もチームにとどまるだろう」

ジョゼ・モウリーニョ（2011年2月）

「モウリーニョはうちのチームにとどまるだろう。俺は毎シーズン成長していく。彼と一緒にいることにとても満足しているよ」

クリスティアーノ・ロナウド（2012年3月14日、記者会見で）

モウリーニョの最高のシーズンはいつも2年目だ。ポルト（スーペルリーガ、ポルトガルカップ、UEFAカップ）も、チェルシー（プレミアリーグとコミュニティーシールド）も、インテル（チャンピオンズリーグ、セリエA、コッパ・イタリア）も、レアル（スペインリーグ）も。モウリーニョ自身、2年目の成功について次のように語っている。

「普通はそうあるべきだ。1年目に学んだサッカーの動きがすでにあって、それをベースに次のシーズンも同じ動きをする。同様に、すでに学習した指導法があって、次のシーズンも自動的に同じ手法で指導が行われる。

いっぽうで組織や力関係、チーム内には常に変化が起きているから、ときには失敗することもある。だが普通は選手とその性格、集団での生き方や個性を、個々人のプレースタイルと同じくらいに理解できれば、失敗しないためのよりよい条件が手に入る。チーム内での競争も活発にしようという意思が芽生えるから、普通はシーズン2年目のほうが初年度よりも結果がよくなる。これは、ごく自然な傾向だ」

レアルの場合についてはこうも言っている。

「ただし国王杯を制覇し、チャンピオンズリーグの準決勝まで到達し、リーグ戦を2位で終えるようなチームに関して言えば、さらに状態をよくすることは並大抵ではない」

「レアル・マドリードでのこの1年は、すばらしく、忘れがたい経験となった」
ジョゼ・モウリーニョ（2012年3月9日、レアル・マドリードの監督としての100試合目にあたって）

スポーツジャーナリストのジェム・バラゲは、『自らの戦術にこだわるモウリーニョ』と題した2012年1月24日の寄稿文でこう言っている。
「モウリーニョが退団すると脅しをかけるとすれば、それは1月のはずだ。そして、その場合は強気に出るはずだ。チームを制御し損ねたので、立て直さなくてはと感じているに違いないが、その時期になれば、彼の脅しにはたいした効力はない。クラブに置いてくれという〝お願い〟に他ならないからだ。

チェルシー時代にこんなことがあった。カンプ・ノウのトンネル（地下通路）での事件の後、ロマン・アブラモビッチの支持を失ったモウリーニョは、『もしクラブ側が自分に味方しなければクラブを去る』と明言している。だが結局、モウリーニョはさらに大きな権力と高額な契約を手に入れた。シーズン3年目の1月のときも、モウリーニョは『自分が欲しい選手を獲得しなければチェルシーを辞める』と脅しをかけている。にもかかわらず、チームは誰も獲得しなかった。その年のモウリーニョは2つのタイトルを獲得したが、チャンピオンズリーグでは優勝できなかった。その夏の間に彼はアブラモビッチと和解したものの、4年目のシーズンが始まると再び問題がこじれ、9月に解任された。

ここでモウリーニョはいくつかの教訓を得た。それは、もっと早くチームを去るべきだったこと、そしてジョン・テリーのように観客から崇拝される選手との対立では監督のほうが不利だということだ。

インテルでのシーズン1年目、モウリーニョはまたも、『より大きな権限を与えられないならチームを去る』と要求し、レアルからオファーがあったことをほのめかした。インテル会長のマッシモ・モラッティからチーム再建に関する全権を委ねられたことで、モウリーニョはすべてを勝ち取った。次にレアルを脅したときも、戦術はほぼ同じ。数日前には『すべて順調にいっている』とおおっぴらに言っていても、実際は疲弊し、支持者を失っていることに気づいている。モウリーニョはリーグ戦とチャンピオンズリーグで優勝したいと思っている。しかし、あのとんでもなく強力なFCバルセロナを差し置いてトップに君臨しても支持されていないと感じたら、彼はためらいなくクラブを去るだろう」

モウリーニョは自らのプロとしてのキャリアに、イギリスの小説の主人公、ナニー・マクフィーの忠告を当てはめているのかもしれない。エマ・トンプソン主演で映画化（『ナニー・マクフィーの魔法のステッキ』）されたその主人公の台詞を紹介しよう。

「私の働き方について、ご理解いただきたいことがあります。あなたが私を望まなくても、あなたにとって私が必要であれば、私はここにいる必要があります。あなたが私を望んでいても、あなたにとって私が必要でなくなれば、私はここを去らなくてはなりません。ちょっと悲しいですが、そういうことなのです」

6. 求められるのは〝効果〟と〝効率〟

「私の目的はチームをまとめることであって、分裂させることではない。我々は、誰がより優れているか、誰がよりよい状態か、誰がトップかなどという議論はしない。全員一丸でプレーするチームだから、勝つときも負けるときもみな一緒だ。大事なのは、全員がタイトルを目指して1つ1つの試合をプレーしたいと思うことだ」

ジョゼ・モウリーニョ

偉大なアスリートの中には、ジョゼ・モウリーニョが監督としてのキャリアを通じてもたらす効果を過少評価している者がいる。たとえばFCバルセロナのリーダー、シャビ・エルナンデスだ。

「モウリーニョが優れた監督なのは確かだが、サッカーの歴史に残ることはないだろう。歴史に残るためには人と違うことをしなければならないが、モウリーニョはプレーにおいて何も新しいものを提示していない。それならジョゼップ・グアルディオラのほうがずっといい。アリゴ・サッキやアレックス・ファーガソン、ヨハン・クライフがそうだったように、グアルディオラはサッカーに革新をもたらしている」

しかし、モウリーニョの経歴をちょっと紐解けば、サッカー史に名を残す監督なのは一目瞭然だ。その独特のキャラクターのみならず、彼が率いてきたチームの全員や1人1人に驚くべき効果と効率をもたらしているからだ。

ここで、効果と効率の概念の違いを明らかにしなければならない。

- 効果——あらかじめ示された目的を実現すること。
- 効率——予想される経営資源を最適に活用してみせること。

目的を持ってサッカー界で仕事をしている者がいるとすれば、それはモウリーニョに他ならない。彼は自分が求める目標をしっかり理解し、自ら設定した目的を達成するための〝日程表〟を綿密に組み立てる。

「経験は秩序を作る際の大きな後ろ盾となる。それは状況が悪いときでもよいときでも同様だ。数週間前の私は、制御不能ではなかった。困難なときも感情をコントロールできたし、今でもそうだ。それは人間として当然のことであって、記録を作ろうとしているわけでもなければ、カンプ・ノウで万歳三唱して踊ったりしたいわけでもない。私が言いたいのは、そういう馬鹿な輩を探すことではなく、ただ次の試合に勝ちたい、そしてその次も勝ちたい、それだけだ。勝ち点が10ポイント差と1ポイント差ではまったく違う。我々は最後まで進んでいきたいと思う。ただし秩序を保って」

ジョゼ・モウリーニョ（2012年2月17日）

見た目ではなく、目的を持って指導すること。大多数の企業においては、仕事の質は社員がその仕事に費やした時間の長さで測られるのが常だ。長い時間働くほど美徳だとされる。しかしながら、ただ仕事場に居残っていることと、効果や効率との間には、相関性は見られない。重要なのは意欲的に挑戦し、自覚を持って、プロとして各自の目的を達成することだ。

モウリーニョはたびたび舌禍事件を起こすことや、生来の勝ち組であることで知られる。しかし彼は監督としてのキャリアをスタートして以来ずっと、華やかなプレーを少々犠牲にしてでもフィジカル面で強く、カウンターが巧みなチームを作る傾向がある。目的（試合に勝つことや、チャンピオンを獲得すること）を達成するための信念は、モウリーニョによって何よりも重要なことだ。ときにはプレーの派手さや創造性が失われてでもだ。目的はあくまで勝つこと、それも完全勝利だ。その目的を達成すれば、また次の目的に集中する。たとえば、201

1年10月17日にチャンピオンズリーグについて彼が語った言葉がこれだ。

「去年の準決勝は過ぎ去った思い出だ。私たちがさらに上まで行くかどうか楽しみにしてくれ」

目的を達成するためにモウリーニョが実践しているのは何だろうか。彼はまず、チームのメンバー1人1人の役目を細かく定義し、練習中は絶えずいいムード作りを心がけ、モチベーションを最大限に引き上げる努力をする。そして、何よりもそのときどきにやっていることや、メンバーそれぞれの価値に揺るぎない確信を抱いている。

「勝ち点を40ポイント以上取らなければ、目標達成とはいえない。私たちが1日でも早くそこに到達できるかどうか、見ていてほしい。その後には別の目的が待ち構えているからだ。今のところまだ6ポイントしか取っていないから、早くポイントを積み重ねて、いつもの定位置に行かなくてはならない」

ジョゼ・モウリーニョ（2011年9月17日、リーグ戦開幕当初）

効果と効率はいつも同義語とは限らない。その例を、モウリーニョに見ることができる。期待された結果や決められた目的を達成するための能力を、効果をもとに判断するならば、レアル・マドリードの監督であるモウリーニョは、FCポルト時代から非常に効果的だったことを証明している。ポルトでのシーズン1年目が終わる頃には、スーペルリーガ、ポルトガルカップ、スーペルタッサ、ヨーロッパレベルではUEFAカップという4つの大会に出場し、そのすべてで優勝という快挙を成し遂げたのだ。

それは決して〝夏の夜のはかない夢〟ではなかった。4つのタイトル獲得後にモウリーニョが続投したところで、翌シーズンは〝モウリーニョ効果〟が当然下がるだろうとクラブの誰もが予測していた。にもかかわらず、モウリーニョは再びリーグのタイトルを獲得したばかりか、さらにハードルの高いタイトルまで獲ってしまった。ヨーロッパチャンピオンズリーグ、サッカーというスポーツの頂点を象徴するトーナメントであり、ヨーロッパのすべての強豪チームが熱望するタイトルだ。

キャリアの第3ラウンド。モウリーニョがヨーロッパのもっと強いリーグ（イングランドやスペインなど）のどこかへステップアップする決意を固めたとき、「さすがに彼の魔法も影を潜めるはず」「プレミアリーグの強豪チームのプレッシャーに適応できないだろう」と多くの人が思った。ところが、彼の出した答えはさらに効果的だった。チェルシーの求めに応じて指揮した4年間で、彼はプレミアリーグを2回、コミュニティーシールドを1回、FAカップを1回、FLカップを2回制したのだ。ヨーロッパ最強のリーグの1つで、3シーズンに6つのタイトルを獲得。これは明らかに〝モウリーニョ効果〟が持続したことの証明だ。しかし、チャンピオンズリーグで勝てないことが批判の的となり、彼の人格までが問題視されたことで、主力選手たちが慰留したにもかかわらず、結果的には辞任という事態が引き起こされた。

２００８年、モウリーニョはインテルにたどり着く。再び、世界のメジャーなリーグ戦のひとつで、過去の栄光を取り戻したいと願うビッグクラブを率いて戦えるようになったのだ。その年にはスーペルコッパ・イタリアーナとセリエAの2冠を達成。翌年には「参加するすべての大会でチャンピオンになる」と宣言し、3冠という肩書きを新たに得た。

ところが、なぜか自身2度目のチャンピオンズリーグ制覇の後に、モウリーニョはインテルを辞任し、サッカー史上最大のクラブとされるレアルを指揮するという新たな難題に挑むことになった。おそらくレアルから監督就任を打診されたのは、彼ならではの〝モウリーニョ効果〟によるところが大きい。それまでの数年間、バルサに自らの領土が侵略されていくのを目の当たりにしたレアルは、とにかくタイトルを欲していた。そしてモウリーニョはまたもや経歴にたがうことなく、監督就任1年目のシーズンから国王杯のタイトルを獲得する。最も権威あるタイトルではないが、このタイトル獲得劇はクラブに活力を与えた。特に、最大のライバルであるバルサの目の前でタイトルを奪取したという事実が。

２０１１～12シーズンには前年よりもさらによい成績を残し、（グアルディオラ率いるバルサによる3連覇の後に）新たにリーグタイトルを獲得。これによりモウリーニョは、ヨーロッパの3大リーグ（イングランド、イタリア、スペイン）で優勝した唯一の監督となった。このような絶え間ない挑戦により、モウリーニョは監督生活を始めた頃と同じ夢、すなわち勝ち続けたいという意欲を保てるのだ。いずれにせよ、イケル・カシージャスやクリスティアーノ・ロナウドなどの名選手も認めるとおり、モウリーニョは生来の勝ち組である。

そして効率とは？

ジョゼ・モウリーニョのキャリアをもう一度見てみると、その効率についても分析できる。効率とは、目的達成のために揃えた経営資源をうまく活用する能力を指す。その点について言えば、モウリーニョは経営資源管理の達人だ。そして言うまでもなく彼の主な資源は、選手の才能である。FCポルト時代にモウリーニョが指導していた（しかしFCバルセロナではジョゼップ・グアルディオラに切り捨てられた）デコのような選手は、モウリーニョのことを「配下の選手をきっちり育成し、その長所を活かしてチームを作ることのできる唯一の監督」と評している。さまざまな国のリーグで、ありとあらゆるタイプの選手と一緒に仕事をしているにもかかわらず、どの選手もモウリーニョに対して好感を持っており、そのプロフェッショナリズムのみならず、選手と距離感が近いことを強調し、高く評価している。モウリーニョの指導を受けたことのある選手たちは、「モウリーニョがマスコミに見せるイメージと、実際の人柄はまったく違う」という意見で一致している。つまりみな、モウリーニョを友人と思っているのだ。

モウリーニョと契約するクラブは、才能ある選手を獲得するために十分な資金を準備する。

ポルトしかり、チェルシーしかり、インテルしかり、レアル・マドリードしかりだ。また、モウリーニョを監督に迎えるということは、彼のお抱えテクニカルチーム全員と契約し、世界トップクラスの選手を何人か獲得する（もちろん安いわけはない）ことも意味する。レアルにはそれができる。レアルは他の監督にも途方もない額の資金を用意してきたが、だからといって成功が保証されるわけではない。過去何人もの監督がレアルを指揮する際には、同じくらいの資源が与えられたが、効果的に活用できなかった。2005年から2010年までの間、2人の異なる会長（ラモン・カルデロンとフロレンティーノ・ペレス）のもとで、レアルは選手39人の獲得費用に7億2200万ユーロ、監督（ベルント・シュスター、マヌエル・ペジェグリーニ、その後モウリーニョ）に1850万ユーロを費やしている。

カルデロンはスナイデル、ロッベン、ファン・デル・ファールト、ドレンテ、ファン・ニステルローイ、フンテラールを獲得し、チームの〝オランダ化〟を図ったが、ペレスは彼らを売却する代わりに、クリスティアーノ・ロナウド、カルヴァーリョ、コエントランを獲得、さらにモウリーニョ監督とペペも獲得して、チームを〝ポルトガル化〟した。カルデロン時代に獲得した選手の中で最も高額だったのはアリエン・ロッベンで、そのためにレアルはチェルシーに3600万ユーロも支払っている。ところがペレスはロッベンを2500万ユーロで売却して、クリスティアーノ・ロナウドを9600万ユーロ、カカを6700万ユーロ、カリム・ベンゼマを3500万ユーロで獲得した。この2年間でペレスが獲得した選手たち（ペドロ・レオンとカナレスの退団と、アデバヨールのレンタル移籍も勘定に入れる）に加え、カルデロン時代には16人もの新人を獲得した。そのうちで今もチームに残留しているのは、ペペ、イグアイン、マルセロの３人だけ。またペレス時代に獲得した選手の中でチームにとどまったのは、２００５年に２７００万ユーロで獲得したセルヒオ・ラモスだけだ。さらに、カシージャス、アダン、ヘススの３人のＧＫ（全員下部組織のカンテラ出身）も付け加えておく必要がある。

「独創的な選手ほどディフェンスの任務から解放されていると公言するような輩は、サッカーについて何も知らない。11人全員が、ボールポゼッションをどうするか、敵がボールを持っているときにどうするかを知らなくてはいけないのだ」

ジョゼ・モウリーニョ

モウリーニョを〝スペシャル〟たらしめる秘訣は、そのときどきで自由に使える資源から最大限のメリットを引き出し、いかなる逆境に直面してもチームを強くする能力だ。彼は並外れた適応能力の持ち主で、ナンバーワンになりたいと願い、選手に欠かせない資質を引き出す術を知っている。そのためにさまざまな戦術を駆使して、配下の選手で最大限の成績を挙げる。だからこそ、選手たち自身も彼を認めるのだ。

「モウリーニョのおかげで考え方が変わった。今の私はファイターだよ」
カリム・ベンゼマ（2011年2月20日）

つまりは効果と効率である

選手たちからの賛辞は後を絶たない。インテル時代に師事したチアゴ・モッタは、ジョゼ・モウリーニョを「自分が知る中で最高の監督」と評している。モウリーニョの指導を受けた選手が、彼のことを悪く言うところはめったに見られない。だから、彼がクラブを去るたびに驚きが湧き起こる。それはときに感動すら生む。モウリーニョがチェルシーを去ったとき、ディディエ・ドログバは次のように語った。

「彼が別れを告げに来たあの日、ロッカールームで俺はとても驚いた。毎日顔を見ていたし、別れが訪れる心の準備なんかできてなかったから、現実のことと思えなくてね。映画でも見ているみたいだった。ショックだったよ」

インテルでモウリーニョの指導を受け、チームへの彼の関わり方を直接見聞きした選手の1人、マルコ・マテラッツィも、モウリーニョとの別れは感動的だったと言う。マテラッツィはモウリーニョを「誰にも真似のできない、独特でナンバーワンの監督」と評している。

効果は非常に高いレベルで問われるいっぽう、求められる効率のレベルはやや低く、レアル・マドリードやインテル、チェルシー、FCポルトのようなビッグクラブでは最優先されない。あくまで重要なのは、才能ある選手の魅力とその活用法だ。しかし、モウリーニョ自身が指摘しているとおり、「私が指導した選手の大半は、再評価されている」。それは試合での実績と、モウリーニョが彼らと培った努力の賜物だ。

国際サッカー歴史統計連盟（ＩＦＦＨＳ）によれば、これらすべての要因により、モウリーニョは「21世紀最高の監督ランキング」で第3位に輝いている（２０１２年2月6日）。順位は次のとおりだ。

1位　アレックス・ファーガソン（イングランド）　１６６（ポイント、以下略）
2位　アーセン・ベンゲル（フランス）　１６５
3位　ジョゼ・モウリーニョ（ポルトガル）　１５４
4位　ファビオ・カペッロ（イタリア）　１３５
5位　フース・ヒディンク（オランダ）　１１２
6位　カルロ・アンチェロッティ（イタリア）　１０８
7位　ビセンテ・デル・ボスケ（スペイン）　１０４
8位　マルセロ・ビエルサ（アルゼンチン）　１０１
　　　ルイス・フェリペ・スコラーリ（ブラジル）　１０１
10位　ラファエル・ベニテス（スペイン）　97

11位 マルチェロ・リッピ（イタリア） 88
12位 フランク・ライカールト（オランダ） 80
13位 スヴェン＝ゴラン・エリクソン（スウェーデン） 79
14位 カレル・ブリュックナー（チェコ） 76
ヨアヒム・レーヴ（ドイツ） 76
16位 カルロス・ペレイラ（ブラジル） 65
オットマー・ヒッツフェルト（ドイツ） 65
18位 ドゥンガ（ブラジル） 62
ロベルト・マンチーニ（イタリア） 62
20位 オットー・レーハーゲル（ドイツ） 61
ジョバンニ・トラパットーニ（イタリア） 61
22位 ジョゼップ・グアルディオラ（スペイン） 59
23位 ベルト・ファン・マルバイク（オランダ） 57
24位 カルロス・ビアンチ（アルゼンチン） 53
25位 モアテン・オルセン（デンマーク） 51
……（中略）……
34位 ファンデ・ラモス（スペイン） 36

37位　ルイス・アラゴネス（スペイン）35
48位　ホセ・アントニオ・カマーチョ（スペイン）26
53位　ハビエル・イルレタ（スペイン）24
76位　キケ・サンチェス・フローレス（スペイン）17
128位　ホセ・マヌエル・エスナル（スペイン）9
138位　カルロス・レシャック（スペイン）7
145位　イニャキ・サエス（スペイン）6
158位　ウナイ・エメリ（スペイン）5
172位　エルネスト・バルベルデ（スペイン）2
185位　ビクトル・フェルナンデス（スペイン）1

7. 自分を崇拝する〝トライブ（種族）〟を勝ちとるには

生まれつき私はすべてを受け入れている
過ちや欠点のある他の人々と同じく私もへその緒でつながれて生まれてきた
だが知りすぎたいと思うような過ちは犯さない
知性だけでものを知りたいなどとは思わない
世界に何かを要求するような欠点はない
ありえない姿を世界に要求したりはしない

フェルナンド・ペソア（1913〜1915年の散文詩より）

ジョゼ・モウリーニョと共に、FCポルトの〝トライブ（種族）〟は数年の不振の後に国内リーグチャンピオンとなり、チャンピオンズリーグも制した。プレミアリーグを制覇できなかったとき、頭を高く上げてロンドンを後にしたチェルシーの〝トライブ〟は、後にリーグカップとプレミアリーグの2冠を達成した。インテルの〝トライブ〟は、イタリアの元首相が会長を務める同じ街の強力なライバル、ACミランと渡り合い、セリエA、コッパ・イタリア、チャンピオンズリーグの三冠を成し遂げた。レアル・マドリードの〝トライブ〟は約20年ぶりに国王杯を制覇し、2012年にはジョゼップ・グアルディオラ率いるFCバルセロナの長い支配の後にリーグ戦を制し、10回目のチャンピオンズリーグ制覇を久々に狙った。

「トライブとは、互いにつながり、リーダーとつながり、アイデアとつながった人々の集団を指す。数百万年にわたり、人間は何かしらのトライブに所属してきた。あるグループがグループたりえるには、共通する興味と、コミュニケーションの手段の2つがあればよい。そしてトライブにはリーダーシップが必要である。リーダーは、ときには1人、場合によっては2人以上。人はつながりを求め、成長を求め、新しいことを求める。そして変化を求める……リーダーなくしてトライブを維持することはできないし、トライブなくしてリーダーになることもできない」

セス・ゴーディン（マーケティング指導者。講談社『トライブ　新しい〝組織〟の未来形』より）

モウリーニョはこれまで指揮した数々のチームにおいて、「リーダーは会長でなく強力な監督である」という立場を貫いてきた。たとえその対象が1982年からFCポルトの会長を務めているジョルジュ・ヌーノ・ピント・ダ・コスタでも、2003年からチェルシーのオーナーであるユダヤ系ロシア人の億万長者ロマン・アブラモビッチでも、1995年からインテルを率いるマッシモ・モラッティでも、ゼネコン大手のACSの社長であり、2000年から2006年にかけてレアル・マドリードの会長を務め、2009年5月に返り咲いたフロレンティーノ・ペレスでも、だ。

「モウリーニョは私のもとにいた中で最高の監督だった」

マッシモ・モラッティ(インテル会長)

ビートルズが若者たちに絵空事を歌って聞かせるのでなく、現実的に若者たちを率いたのと同様に、ボブ・マーリーがレゲエを作ったのでなくレゲエを導いたのと同様に、本章では〝トライブ〟とそれを率いることで共有される情熱について述べる。確かに、〝トライブ〟が自然発生的に形成されるケースがある。再びゴーディンの言葉を引用すれば、集団は5万年前から存在するが、「1世代前に存在しなかった人間の集団をまとめたりつなげたりする方法は、実に数千通りもある」

1つの〝トライブ〟は、1つの言語、習慣、思想、固有の領土を共有する人間の集団と定義付けられる。すべての〝トライブ〟には、〝トライブ〟を率いる権力を有する長がいる。レアルの場合、言うまでもなくその長はモウリーニョだ。彼はどのような魔法を使って、すべての選手を従えているのか。彼の目的は何なのか。それは単に、敵対する〝トライブ〟に勝つことである。

「モウリーニョのやり方はセンセーショナルだ。私は死ぬまでモウリーニョについていく。彼は、自らが21世紀最高の監督だと示すことに成功した。なぜならチームを率いることだけでなく、マスコミを介してコミュニケーションするからだ。彼の記者会見は絶対に期待を裏切らない。試合にはつまらないところが多少あっても、記者会見は見ごたえたっぷりだ」

エスペランサ・アギーレ（マドリード州前知事）

長（モウリーニョ）は、自分の〝トライブ〟（チーム）のための結果を出すことに集中しなくてはならない。長はチャンスを生み出すために常にポジティブでなくてはならず、失敗を成功に変える能力を持っていなくてはならない。

「このチームはまだまだできる」

「最近の18〜19試合で16〜17勝しているのだから、確実でしっかりしたチームということになる」

4つの異なるリーグ、ヨーロッパの異なる4ヶ国、そして4つの異なる言語圏で指揮する過程において、モウリーニョは〝トライブ〟を率いるための7つの基本要素を作り上げた。偉大なるチーム、レアルの場合、その基本要素は次のとおりだ。

1. 現状に疑問を投げかけること。タイトルを必要とするチームにモウリーニョが就任するとき、最初に彼がやることはチームの現状に疑問を呈することだ。その点で、彼は革新的だ。
2. 自分自身の文化を創ること。リーダーとしてモウリーニョは1つの文化、すなわち物事のやり方、チーム内での人間関係の構築や、対外的な問題の解決に役立つ一連の基本的な前提条件を創造する。
3. 好奇心を刺激すること。仕事や継続的な学習、物事の原因に対して疑問を持つ際の格好のお手本は、まさにモウリーニョだ。
4. リーダーシップとカリスマ性。モウリーニョが〝トライブ〟のリーダーを務められるのはカリスマ性（天性や魅力、影響力）があるからではない。むしろその逆だ。リーダーである事実（結果を出すこと、能力を示すこと、あえて挑発すること）によって、特別なカリスマ性が生まれ、その後に偶像化されるのである。
5. コミュニケーション力。〝トライブ〟のリーダーは将来に関する自分のビジョンを伝え、それを効果的に実行することに長けている。
6. 約束。モウリーニョのようなリーダーなら、自分のビジョンや目的を完全に義務づけていて、たとえそれがいかに困難であっても、その約束に基づいて意思決定する。

7. 信奉者の間のつながりを促進すること。リーダーは自分1人ですべての情報を抱え込みたがらない。むしろ反対にリーダーとして、信奉者やトライブのメンバー同士でつながることを支援する。

いっぽう、モウリーニョのようなトライブのリーダーにあってはならないことは次のようなものだ。

- ミスから学べないこと。ちょっとしたミスから学ぶことを憶えておこう。ただし致命的な失敗まで行ってしまうと、そこから何も学ぶことができなくなる。
- 〝トライブ〟全体に固有の生活があり、〝トライブ〟はリーダーだけの所有物ではないことを忘れること。たとえばレアルのサポーターには100年以上の歴史があり、モウリーニョが去った後も存続する。
- リーダーの役目は1から10まですべて決断することだと考え、権限を絶対に他人に渡さないこと。
- 〝トライブ〟の都合でなく、個人的な都合に基づいて意思決定すること。リーダーの興味の赴くままに動いていると、危険度が一段と上がる。
- 自分は何もかも知っているからこれ以上学ぶことはできないと、リーダーが考えたり、感じたり、または信じ込んだりすること。リーダーも人間であり、いつかは死ぬのだ。

- 熱意を失い、決まりきった面白みのない、何の価値も生まない非生産的な行動（手続きや無駄な会合など）に汲々とすること。
- 創造性を阻害すること。
- 過去の栄光にすがり、未来への夢を奪うこと。

モウリーニョが去った後の〝トライブ〟

2012年2月。サンシーロ（インテルのホームスタジアム）にもスタンフォードブリッジ（チェルシーのホームスタジアム）にも、「ジョゼ・モウリーニョ！　ジョゼ・モウリーニョ！」という合唱が響き渡る。チェルシーやインテルのサポーターも、かつてのポルトガル人監督に会いたがっているのだ。

モウリーニョが去ってからのチェルシーがどうなったか。2007年9月20日のモウリーニョ退団後、後任となったのはアヴラム・グラント。グラントはその年のチャンピオンズリーグ決勝までたどり着くが、アレックス・ファーガソン率いるマンチェスター・ユナイテッドの前にPK戦の末に敗れた。結局、無冠の1年。2008～09シーズン中盤、不振にあえぐとクラブはついにグラントを解任する。

その後、ルイス・フェリペ・スコラーリを挟んで、新たにベンチを任されたフース・ヒディンクはクラブをFAカップ優勝に導いた。ヒディンクはその後、自らの意思でチームを去り、イタリア人監督のカルロ・アンチェロッティが後を引き継いだ。アンチェロッティ体制のチェルシーはシーズン1年目からコミュニティーシールドを制覇、またプレミアリーグとFAカップの2冠も達成する。

その後ポルトガル人のアンドレ・ビラス＝ボアスがチェルシー監督に就任。ビラス＝ボアスはFCポルトでモウリーニョのアシスタントコーチを務め、監督としてはポルトガルの国内リーグとヨーロッパリーグを制した人物だが、チェルシーでその個性を発揮できなかった。彼はチームのプレースタイルを変えて若返りを図ったが、うまくいかなかった。チャンピオンズリーグのベスト16でナポリに3－1で負け、プレミアリーグ第27節でウェストブロムウィッチに1－0で負けた（当時チェルシーはリーグ5位で首位には遠く及ばなかった）後の2012年3月4日、チェルシーはビラス＝ボアスの解任を発表した。

そしてチェルシーの元MFでビラス＝ボアスのアシスタントコーチだったロベルト・ディ・マッテオが、監督代行としてそのシーズンの最後まで務めた。モウリーニョ以後、4年半で5人も監督が替わっているのだ。

インテルの場合、（2年間でチャンピオンズリーグを含む5つのタイトルを獲得した）モウリーニョが去った後に監督の座に就いたのはラファエル・ベニテスだった。ベニテスはスーペルコッパ・イタリアーナとクラブワールドカップを制したものの、セリエAでの成績不振を理由に解任された。ベニテスの後任としてレオナルドが就任し、2010〜11シーズンのコッパ・イタリアを制覇。レオナルドがそのシーズンの最後まで監督を務めた後はピエロ・ガスペリーニに取って替わり、さらにユベントス（2007〜2009年）とローマ（2009〜2011年）を指揮したクラウディオ・ラニエリが監督に就任した。2012年3月、インテルはチャンピオンズリーグでベスト16敗退に終わり、ラニエリは解任された。

2012年2月18日、ラシン・サンタンデールをホームに迎えて4－0で完勝した後の記者会見で、チェルシーとインテルのサポーターが「懐かしがっている」ことについて尋ねられ、モウリーニョはこう答えた。

「私はチェルシーとインテルが大好きだし、両クラブのサポーターも大好きだ。彼らはチームと監督を支持しており、私の名前を歌ってくれた。だが私は過去の人間だ。とてもよい思い出だから、みな憶えているのだ。だが過去と現在は違う。今いる人間を応援すべきだ」

過去とはもう過ぎ去ったもの。モウリーニョにとってはそういうものなのだ。シッチェス（訳注：バルセロナ郊外の町）にあった自宅や、コモ湖畔にあった自宅はもう売り払っている。当時の友人たちともほとんど交流はない。

傑出した指導者として、モウリーニョは自らの評価を高め、（才能に価値を置くことで）そのたびごとに〝トライブ〟からの賞賛を集めるのがうまい人物なのだ。

「勝利の後に笑う者がいるが、成功を祝っている時間は私にはない」

ジョゼ・モウリーニョ

8. いつまでも印象に残る記憶を残せ

花に　たとえば　美があるだろうか
果実に　たとえば　美があるだろうか
否　それらにあるのは　色と形
そして実在だけだ
美とは　じっさいには存在しないものの呼称にすぎぬ
物から受ける快楽の代償にわたしが美を与えるのだ
美には何の意味もない
では　なぜ　わたしは事物が美しいというのだろう

フェルナンド・ペソア（1911〜1912年、アルベルト・カエイロ名義の詩集『羊飼い』より／澤田直 監訳『ペソア詩集』思潮社刊に収録）

年間最優秀ロックスター

２０１１年12月。いつものように、アメリカの老舗音楽誌『ローリングストーン』編集部が年間最優秀ロックスターを選んだ。この年選ばれたのは、なんとジョゼ・モウリーニョ。同誌編集部はその理由を次のように説明した。

「世界中を怒らせる抜け目ないテクニック。そのテクニックに長けていることにより、ジョゼ・モウリーニョは本誌の年間最優秀ロックスターに選ばれた。その挑戦的な態度、人騒がせなメッセージ、傲慢なまでの知性、そして何よりもベンチや記者会見で見せる挑発的な態度が決め手となって、本誌の今年最終版の表紙をモウリーニョが飾った」

そして「世界中を怒らせる抜け目ないテクニック」というまさにその言葉と共に、モウリーニョの顔を正面から描いたデッサンが表紙に掲載された。スーツ、赤いネクタイ、腕組み、挑戦的な眼差し、白髪、無精ひげ……まるでサッカー指導者の皮をかぶった悪魔だった。

誌面では、モウリーニョがどのようにして「世界を支配する」のかについて述べ、ジェフ・ブリッジス、トム・ウェイツ、ラナ・デル・レイ、ライアン・ゴズリング、ジョージ・ハリスン、ストーン・ローゼズ、ザ・ライトオンズ、ヒュー・ローリー、フランシス・コバーン、アデルなどと共に、「手に負えないアーティスト」の筆頭格にモウリーニョを位置付けている。

この表紙に対する国内外からの反響はすさまじく、オアシスの頭脳であるノエル・ギャラガーもたいへん気に入ったと表明した。何につけてもスピードの速い世界においては、サッカーの監督も新たな〝ロックスター〟に変わってしまうらしい。

「俺たちはバルササポーターとして、モウリーニョは敵だと言わざるをえない。あいつがすごい監督かどうかは分からないけど、あの影響力は否定しがたい。あいつはマスコミや大衆、選手たちに見せるイメージをいつも意識している。いつもニュースや挑発のネタを探している。嫌われ者でもあり、愛されてもいる。そして間違いなく、ファンがいる。それがロックスターの証さ」

メンデツ（英語で歌うスペインのテクノポップグループ）

「モウリーニョはサッカー界のミシェル・ウエルベック（訳注：フランスの作家で詩人）だ」

フェルナンド・アルファロ（ラ・マンチャ地方の歌手）

「私は、人に好かれたり嫌われたりする理由を考えて時間を無駄にしたりしない」

ジョゼ・モウリーニョ

個性はどうやってできるのか

「チーム固有の価値観とビジョンを作るのに、それほど時間は必要ない」

ジョゼ・モウリーニョ

ある辞書の定義によれば、個性とは「個人または集団を、他の個人や集団と差別化するための固有の性格の集合」であり、「ある人物が、自分は自分自身であり他の人物とは異なっていることを特徴付ける意識」である。ジョゼ・モウリーニョの場合、これまで見てきたとおり、個性の源となっているのは輝かしい才能をもたらしている自我である。

では、個性とはどのように構築されるのか。ここで、20世紀後半のポップアートのカリスマであり、当時世界で最も評価の高かったアーティスト、アンディ・ウォーホル（1928〜1987）にご登場願おう。彼の死後四半世紀が過ぎた今、作品の模写や模倣、複製、商品化がどれほど行われても、ウォーホルは変わらぬ個性を保ち続けている。

自叙伝の『ぼくの哲学』（新潮社刊）によると、スロバキア移民の子であったウォーホルは子ども時代のほとんどを病床で過ごした後、広告クリエーターを目指してニューヨークへ移住したと書かれている。この本の中には、彼がカリスマに上り詰めた秘訣を垣間見ることができる。

- 自らアイコンになろうとせず、金持ちになって名声を得ようとした。
- 複雑でなく、自然体だった。
- 決して極端に走らなかった。極端な人間嫌いにも社交家にもならず、思想家にも理論家にもならなかった。
- 作品の制作中は毎日働いていたが、働き詰めだったわけではなく、かといって怠惰でもなかった。
- 他の多くのアーティストが嫌う、実在のポップスターやセレブを率先して題材として受け入れた。
- 過度に複雑な生き方をしなかった。
- 自分の住む街と時代、「金で買える単純なものすべて」を愛した。
- いかなる政治的・宗教的思想にも与しなかった。
- 誰かに決定的な影響を与えることなく、時代に順応しながらビジネスした。
- 同性愛者だったが、性的指向をカミングアウトしなかった。
- 自分のアイデアと他人のアイデアを拡散させるために、雑誌を立ち上げたり、映画を制作したり、あるいはバンド（訳注：ヴェルヴェット・アンダーグラウンドのこと）のイメージ作りに貢献したりした。

では、彼の成功の鍵は何だったのだろうか。極端さ（市場のニッチさ、過度な複雑さ、派閥主義など）は、天才にとっての自己表現の妨げになる。大事なのは、結果を出して、後にそれを人々に伝えることによって世界（状況によって大きいことも小さいこともある）が自分にひれ伏す状況を作ることなのだ。

「アンディ・ウォーホルのすべてを知りたいなら、ぼくの絵と映画を見てくれるだけで十分だ。ぼくはそこにいる。他のどこにもいない」

アンディ・ウォーホル（1928～1987／ポップアートの巨匠）

モウリーニョにも同じことが言える。モウリーニョのすべてを知りたいなら、彼のチームの試合と発言を見れば十分だ。彼はプライベートな部分を表に見せたがらないし、すでに名声を博した他のアイコンたちに影響を与えようとも思っていない。

ウォーホルは半世紀も前に、今では当たり前になっている事実を発見した。マリリン・モンローやエリザベス・テイラーのようなカリスマをモデルにする際は、あえて複雑にする必要はない。彼は単純化と反復というスタイル（対象を繰り返し反復させることにより、対象の意義を純化する）を用いた。創作活動中のウォーホルは、そのとき最も流行しているものに囲まれていた。いっぽう、サッカーにおいてジョゼ・モウリーニョは、失われた栄光を取り戻したいと願う有名なクラブを率いる。非常に似通った指針だ。

またウォーホルは、名声と幸福には負の側面が伴うことを教えてくれた。1968年、ヴァレリー・ソラナスという女が、「彼の名声を生んだ魅力」を理由に、ニューヨークの彼のスタジオ「ファクトリー」の玄関口でウォーホルと美術評論家マリオ・アマヤを狙撃した。炎に蛾《が》が群がるように、魅力はときに危険でもある。

ポップアートの帝王と呼ばれたウォーホルの、最も有名な言葉がこれだ。

「将来、誰もが15分間だけ有名になれるだろう。みんなが15分間の栄光を手に入れる権利を持たなくてはいけない」

凡人とウォーホルとの違いは、ウォーホルが成し遂げたように、栄光を15分間以上長続きさせるところにある。彼の作品の価値は、彼が死んだ1980年代以降も上昇し続けているのだ。

「私は感じの悪い男で、何度も優勝している。飽き飽きしている人もいれば、失敗すると激怒する人もいる。さらに私が災難に見舞われるのを楽しみにしている人までいる。だが、私のことを好きで、私の仕事を認めてくれる人もたくさんいるのも事実だ」

ジョゼ・モウリーニョ

最後に、カリスマをカリスマたらしめる魅力の鍵となるのが笑顔だ。ウォーホルは生前こう語っている。

「私が魅了されるのは笑顔の美しい人だ。人がそうやって微笑むのはなぜなのか、みな自分に問いかけてみるべきだ」

口と目の周りにある17の筋肉で形成される顔の表情によって、人の印象は違ってくる。人の脳が楽しいことに対して笑顔で反応するには、100分の1秒ほどかかる。数年にわたりモウリーニョが帝王学を教わったボビー・ロブソンは、常に笑顔を見せておくようにとモウリーニョに勧めた。笑顔こそ人間の最高の長所であると、ロブソンは考えていたからだ。ロブソン自身、大英帝国の騎士のように上品だった。ゆえに、その穏やかな笑顔も鮮明に記憶に残ることだろう。

「私は幸運な男だった。キャリアの中でいくつかの貴重な時間を過ごせた上に、その中にはボビー・ロブソンと一緒に仕事をする時間に恵まれたからだ。彼と仕事をする者はみな、私が数年間そうであったように、特権に預かった気分になれた。彼からは実にたくさんのことを学んだ」

ジョゼ・モウリーニョ（ボビー・ロブソンのことを思い出して述べたコメント）

「微笑みは人の知性を表す普遍的な言語である」

ビクトル・ルイス・イリアルテ（1912〜1982／劇作家）

微笑みはセクシーなのだろうか。〝アメリカの微笑み〟と称されるジュリア・ロバーツや、『ピープル』誌の〝世界で最もセクシーな男〟に3回も選ばれたことのあるジョージ・クルーニーを考えてみれば、答えはおのずと明らかになる。しかし、カナダのブリティッシュコロンビア大学の研究によれば、成人男子は微笑みを浮かべた女性のほうを好むいっぽう、微笑みを浮かべた男性は女性にとってはセクシーでないという結果が出た。その鍵は、人類学にあるのかもしれない。精神療法医であり性科学者のラウール・パディジャはこう説明している。

「微笑みは近づきやすいことを表す方法の1つであり、微笑んでいる女性に男性が感じる知覚と、同じ状況で女性が男性の前で感じる知覚とは異なる。我々人類は思索する生き物である前に高等哺乳類なのだから、生物学的にも雌のほうが雄よりも相手を選ぶことは分かる。男性が微笑みながら過度に接近すると、その男性がその女性と付き合おうとしつつ、他の女性にも好意を寄せていると誤解される恐れがある。しかし、男性にとって女性の微笑みは寛大さの表れであり、微笑んでいない女性よりも現実的で手が届きそうな気がするものである」

では、女性は男性のどんなところに魅力を感じているのか。それは自信、誇り、そして能力。換言すると、モウリーニョが求めているところの力だ。力の蓄積はモウリーニョの最大の関心事、すなわち周囲の環境を支配するための要素の1つだ。

「私が70歳くらいになったら、人に何か言うだけで震え上がらせるような力を持っているかもしれない」

ジョゼ・モウリーニョ

チーム の質

2011年末、その年の最後のインタビューで、ジョゼ・モウリーニョはこう発言した。
「レアル・マドリードは非常にプレーの巧みなチームだ。もしレアル・マドリードのプレーが下手だとか結果至上主義だとか非難する者がいたら、それは嘘だ。なぜなら、我々がプレーすればみな楽しんでくれるし、みな我々を見たがっているからだ。相手チームがでどこでもサンチャゴ・ベルナベウはいつも満杯で、ものすごい数の人がスタジアムにやってくる。いつ試合をしても、たとえそれがチャンピオンズリーグであっても他のヨーロッパの大会であっても、我々にかけられる期待は半端じゃない。

ただし、私たちのチームの選手たちは観客を楽しませると同時に自分たちも楽しんでいる。そのことも重要だ。我々は選手1人1人が持っている最大の長所を発揮し、団結している。なぜなら、そうすれば結果はおのずとついてくるからだ。

最近の18～19試合で16～17勝したチームは、確実でしっかりしたチームだと言える。私の意見では、どのチームにもそれぞれスタイルがあり、私たちにも独自のスタイルがある。好きなスタイルは人それぞれだろうが、サッカーはさまざまな文化やスタイルで成り立っている。そしてレアル・マドリードはとにかくファンタスティックなサッカーをする。結果やプレーの質といった側面は後からついてくるものだ」

モウリーニョが言う質の基準とは次のようなものだ。すばらしい結果、よいプレー、満杯のスタジアム、プレーに対する期待、観客を楽しませるチーム、独自のスタイル。そしてモウリーニョの言葉を借りれば、「高いレベルの自信と安定」だ。

レアル・マドリードでのシーズン2年目はすばらしかった。これまで彼が率いてきたあらゆるチームと同じくしっかりしたチームで、ホームで無類の強さを誇った（9年間ホームで無敗という記録を誇示するのも当然だ）。

一目で分かる賞賛すべき個性（物議を醸す個性も含む）を手に入れるには、まず結果（勝利）が必要だ。そして自分についてきてくれる優れたチーム（モウリーニョの場合はテクニカルチーム、選手たちといった〝トライブ〟）が必要だ。また、模範として他の人の印象に残る必要もある。ライバルに差をつけるには、自分のいる範囲内でまず差別化を図らなくてはならない。再び、このコメントを。

「2010年という1年は、私のキャリアの中で最高の年だ。プロとしての観点で点をつけろと言われたら、10点満点で11点をつけたいくらいだ」

ジョゼ・モウリーニョ

9. モウリーニョ式コミュニケーション法

「私のイメージと本当の私の姿は一致しない」

ジョゼ・モウリーニョ

2つの手が互いを描き合うエッシャーの有名な絵（「描く手」、1948年）で描かれているように、才能が才能であり続けるためには、知識、欲望、能力……それに自分が成し遂げた結果を形にすることが重要となる。

才能ある指導者であり世界的に有名な監督であるジョゼ・モウリーニョの事例で、我々は2つのシナリオが1つの目的に向かって収束している様子を見てきた。そのまとめとして、モウリーニョの他人との交わり方を大きく2つに大別してみよう。

A. 結果

1. モウリーニョは、世界最高峰のサッカーにおいて10年しか指導者経験がないにもかかわらず優れた成績を上げている現職監督だ（モウリーニョに匹敵するのは、マンチェスター・ユナイテッドを指揮するアレックス・ファーガソンか。彼は、プレミアリーグで3連覇を達成した）。
2. モウリーニョの名声は世界に轟いている。なぜなら、ヨーロッパの主要リーグのうち4つで重要な勝利を達成しているからだ。
3. トップレベルにありながら、栄光からある期間遠ざかっていたチーム（FCポルト、チェルシー、インテル、レアル・マドリード）を引き受け、切望していた勝利をたぐりよせている。
4. モウリーニョの成功は偶然の産物ではない。彼に従うテクニカルチームや適切な戦力補強、激しくも科学的な指導法で鍛えた選手たちの起用法の賜物だ。
5. 1年目のシーズンでよい結果を出し、2年目に「頂点を極める」。

B. 評価

6. モウリーニョは、スペインで最も高額な年俸を稼ぐ指導者であり、世界一の高給取りの監督の1人である。
7. ソーシャルウェブに与える影響は見逃せない。グーグルでのモウリーニョの検索結果が7

850万件なのに対し、ジョゼップ・グアルディオラは5890万件、アレックス・ファーガソンは650万件にすぎない。

8．2004年以降、モウリーニョの代理人を務めるのはホルヘ・メンデスだ（チェルシーでモウリーニョの獲得契約を結び、モウリーニョを当時としては最高の年俸を取る監督に仕立てた人物）。クリスティアーノ・ロナウド、リカルド・カルバーリョ、ファビオ・コエントランなどの代理人も務めている。世界のサッカー界では大人気の代理人であり、担当する選手は85名、その評価額は5億3600万ユーロに上る。メンデスの成功とモウリーニョの成功は、切っても切り離せない。

モウリーニョがチェルシーの監督に就任したとき、メンデスが担当する5人の選手をチームは獲得した。ペトル・チェフ、カルヴァーリョ、パウロ・フェレイラ、チアゴ・メンデス、マニシェだ。その年にはFCバルセロナからデコも獲得。またインテルを指揮したときには、チアゴ・モッタとリカルド・クアレスマを獲得した。そしてレアル（すでにクリスティアーノ・ロナウド、ペペ、マルセロがいた）では、アンヘル・ディ・マリアとコエントランを獲得。メンデスの担当する選手にはさらに、アトレティコ・マドリードのシルヴィオ、ミランダ、チアゴ、ファルカオ、ピッツィがいる。おそらく2012～13シーズンのレアルについても、モウリーニョとメンデスは戦略を練っていることだろう。

9．チームの会長と歩調をうまく合わせてコントロールし、所属クラブの組織を支配する段取りをつける。監督としての顔以外に、口が達者なおかげで最終的にはクラブの権力の中枢に上り詰める。「このクラブでは100パーセント支持されていると感じている」と、レアルについてモウリーニョは語っている。「私と直接一緒に仕事をする人たちと上層部の人たちとは、信頼とバックアップ体制、展望、野望を共有している」

10. 崇拝と反感の両方を生む。この2つの間には埋めることのできない大きな溝が存在する。スペインにもイングランドにも、イタリアにもポルトガルにも、モウリーニョの信者とアンチがいる。常に注目を集める、生まれながらのアジテーターの証だ。

「モウリーニョは大きな戦いに勝った。自分自身と繰り広げた戦いに」

アルフレッド・レラーニョ（小社刊『レアル・マドリードvsFCバルセロナ 因縁の100年史』著者、モウリーニョについての記事）

読者のみなさんも〝才能あるスター〟になりたいと思っているだろうか。それなら、次に挙げるモウリーニョならではの資質を共有するといいだろう。

- 最高のタレントで周囲を固めて知識を吸収し、自らもトップクラスに上り詰めること。
- 華々しい成功を成し遂げ、それをきちんと人に知らせること。

- グローバリゼーションを活用する（外国語を学ぶ）こと。
- 胸が躍るような計画に関わること。
- イニシアチブを握ること。
- 勝てるチームを作ること。
- 改善を常に怠らないこと。
- 高い年俸を獲得すること。
- 顧客重視のマーケティング（ソーシャルマーケティングも含む）を効果的に活用すること。
- 最高の代理人と手を組むこと。
- 権力者と賢く付き合うこと。
- 重要な信奉者とライバルの両方を一度に得られるようなアイデンティティーを作ること。
- リスクを恐れる者は勝てない。一歩踏み出し、自分の可能性を信頼すること。

「人生で成功する秘訣は、チャンスが訪れたときに、それに対する準備ができていることだ」

ベンジャミン・ディズレーリ（1804〜1881／元イギリス首相）

STEP 2

外の世界に自分の姿を〝見せる〟方法

「我々にコントロールできないのはサポーターだけだ」
ジョゼ・モウリーニョ

詩人はふりをするものだ

「（モウリーニョが実践するサッカーが好きかどうかにかかわらず）モウリーニョは生来の勝ち組であるばかりか、偉大なるショーマンでもある。計算ずくのいかにもらしい馬鹿正直さと、ギリシャの神々を思わせる傲慢さで、ジョゼ・モウリーニョはサッカーという地上最大のスペクタクルに計り知れない価値をもたらしている。近年世界ランキングでイングランドに水をあけられているスペインリーグにとって、彼の獲得は何よりのカンフル剤になることだろう」

ジョン・カーリン（クリント・イーストウッド監督作『インビクタス 負けざる者たち』の原作者／2007年12月9日、ジョゼ・モウリーニョについて）

ジョゼ・モウリーニョのお気に入りの作家は、ポルトガルの偉大な詩人フェルナンド・ペソア（1888～1935）だ。

モウリーニョや、著名な神経学者でありアストゥリアスの第一王子でもあるアントニオ・ダマシオのように、ペソアは〝異邦人〟だ。海外で育ち、無気力が蔓延していたポルトガルの現状を変えたいと模索した啓蒙主義者でもあった。

モウリーニョと同様、ペソアは不可解な人物だった。ブラジルの評論家フェデリコ・バルボサはペソアについて「ペソアの中に謎がある」と評し、ペソア自身「生きることは必要でない。必要なのは創造することだ」とも述べている。ペソアは自分が自分自身の〝ものまね〟であり、そのため〝異名〟と呼ばれるいくつものペンネーム（厳密にはペソア自身が作り出した人格）で作品を書いていたことを認めている。

詩人はふりをするものだ
そのふりは完璧すぎて
ほんとうに感じている
苦痛のふりまでしてしまう
書かれたものを読むひとが
読まれた苦痛のなかに感じるのは
詩人のふたつの苦痛ではなく
自分たちの感じない苦痛にすぎない
こんなふうに　軌道のうえを
理性を楽しませるためにまわっている
そのちいさなぜんまいの列車

それが心と呼ばれる

フェルナンド・ペソア（1931年「自己心理記述」より／『ペソア詩集』〈澤田直 訳編、思潮社〉に収録）

ペソアには72個もの異名があった。その中でも有名なのは、アルヴァロ・デ・カンポス（ポルトガル生まれでイギリスで教育を受けた同性愛者のエンジニア。世界のどこにいても自分は異邦人だと感じている）、リカルド・レイス（ラテン語研究者で君主制主義者、ブラジルに移住してポルトガル共和国を宣言する人格）、アルベルト・カエイロ（無学な農民で、結核で死んだ人格）、ベルナルド・ソアレス（半異名者、すなわち異名者の中でもペソア自身に最も近い存在）。これらの人格を通じて、ポルトガル史上最も偉大な作家（ノーベル賞作家のジョゼ・サラマーゴを除く）であるペソアは、アイデンティティー、真実、真の存在と想像上の存在について考察したのだった。

詩人はふりをするものだ——そして監督も。ペソアは5歳のときに父を亡くしている。モウリーニョも5歳のときに腹膜炎で死にかけている。2人ともポルトガル国外で暮らし、ポルトガル語以外の言語をいくつかマスターしている。ペソアはポルトガルで最も偉大な詩人であり、モウリーニョは今のところ世界一有名なポルトガル人だ。しかも2人とも、言葉を通じてインパクトを与える存在でもある。

「監督としての仕事ぶりについては、私にはどうあがいても彼を評価することはできない。実に驚くべき経歴の持ち主だ。マスコミや社会への伝え方に関して、彼は意識的に本来とは別の人格を演じていると思われる。チェルシーで彼と一緒に仕事をしたが、実に感じのいい人物だ。彼のイメージは、実際の人柄ではなく、演じているものだ」

レオニード・スルツキー（ＣＳＫＡモスクワ監督／２０１２年３月13日、モウリーニョについてのコメント）

「私が持っているものがすべて神からの授かりものだとしたら、すごい男だと神から賞賛されたに違いない」

ジョゼ・モウリーニョ（２０１１年２月17日）

10. 伝説の作り方――〝スペシャル・ワン〟

目覚めて　ときに考える
何のために生きてきたのかと
それは明らかで　真実で　確実なこと
なのになぜ今ここでこうしているのかと

フェルナンド・ペソア（出典不明）

モウリーニョこと、ジョゼ・マリオ・ドス・サントス・モウリーニョ・フェリックスは、1963年1月26日、ポルトガルのセトゥーバルに生まれた。ポルトガル語、英語、フランス語、イタリア語、スペイン語を操り、自らを犠牲にして、最高の結果と選手たちとの完璧な相互理解を追求している。

〝スペシャル・ワン〟を自称するモウリーニョは、行儀の悪い者、粗暴な者、自己中心的な者、野心家を一目で見抜く。しかしモウリーニョを知る者は誰もが、彼は優しく寛大で、愛すべき人物だと口々に語る。誠実で連帯意識があり、崇高な価値観を持つ人物、すなわちマスコミの前で見せる人物像とはかなり違うと。

元サッカー選手で、フランスのテレビ局キャナルプリュスの解説者マイケル・ロビンソンは、ユーゴスラビアに1ヶ月滞在していた頃にモウリーニョと偶然居合わせたことがある。「彼と過ごした時間はとても楽しかった。心が温かくて、すばらしく思いやりのある人だった」と、ロビンソンはモウリーニョについて語っている。監督として進化するにつれ、そういう性格が彼の人格の中に窺えるようになってきた。そして今では優れた監督であるというだけでなく、人情味を見せるようになっている。マスコミの前では気取っているが、実際にはたいへんなおしゃべり好きであり、選手には寛大だ。勝つのは選手たちであり、負けるのは自分だとつねづね語っている彼は、それゆえに崇拝を集める。彼が伝えるものは愛情と敬意であり、厳しいというよりむしろ柔和だ。彼が起こす舌禍騒ぎは一時的なものだ。つかの間の些細な出来事にすぎないし、それがまた特別な愛着を抱かせる。

あるときインタビューで、モウリーニョは最も嫌いなものは何かと問われてこう答えている。「嘘が嫌いだ。サッカーを離れれば、私はまったく別人になる。サッカーではあらゆることを試してみる。チームを率いたり話し合ったり、マスコミとやり取りしたりするときには、大胆にやる。ご存じのとおり、チームに対しても大胆にいく。いっぽう、個人の生活においてはまったく正反対だ。一切挑戦などせず、控えめで、投資なども全然やらない。金銭がらみの冒険などまったくない。控えめな人間だから、社交界も好きではない。そして何より、嘘が嫌いだ。ケニアでの休暇中に魔法使いと契約したとか言われてみろ！　あんな噂は全部嘘っぱちだ！」

それから、次のような主張もしている。

「私はサッカーの哲学を変えたいと強く思っている。私の考えに同意してくれる監督は1人もいないが」

「私はフィジカルトレーニングをしない。トレーニングは総合的にやるべきだと思っている。どこからがフィジカルなのか、どこまでがメンタルで戦術的なのか、私には分からないから」

「はっきりしているのは、プレーのコントロールを身に付けるためには絶対にボールを使う必要があるということだ。ボールを楽しむのだ。ボールを使うことで重要な戦術も思い浮かぶ。ボールを回すことによって、選手たちが決められたポジションで、パスを回す相手がいることに気づく。そのことを私は期待しているのだ」

「私のチームは負けることを怖れていない。負けを怖れないチームはより多くの試合に勝ち、今よりもさらによいプレーができるようになる」

サッカーチームを組織して操るためのモウリーニョのスキルは並外れている。それは、若い頃から父親の指導するチームのために情報収集や雑用をこなしてきたためだ。哲学者のホセ・アントニオ・マリーナは次のように説明する。

「才能とは、活動的で仕事に役立ち、気力にあふれた積極的な知性のことである。それは決然とした知性、すなわち問題を解決し、覚悟を決めて前に進む知性である」

その意味では、モウリーニョは努力によってすばらしい才能を手に入れたといえる。

モウリーニョは1992年、スポルティング・リスボンのボビー・ロブソンのもとで、指導者としてのキャリアの第一歩を踏み出した。最初は通訳としてだったが、その後アシスタントコーチに昇進する。彼の才能に気づいたロブソンは、若きモウリーニョからの助言に驚かされることがしばしばだった。こうしてモウリーニョはロブソンの信頼を獲得し、ロブソンの右腕となった。ロブソンと共にモウリーニョはFCポルトで3シーズン（1993〜1996年）とFCバルセロナで1シーズン（1996〜1997年）を過ごしている。ロブソンの後任のルイス・ファン・ハール監督は、バルセロナに到着するやいなや、ライバルチームの情報収集担当としてモウリーニョを引き留めた。

「よい指導者に師事することと、その人を真似ようとすることは違う。よい指導者のもとにつけば成長するための基礎ができる。しかしその人を真似たところで、手本よりもよくなることは絶対にない。常に自分自身のアイデンティティーをしっかり持っていることが必要だ」

ジョゼ・モウリーニョ（ファン・ハールについてのコメント）

監督としてのモウリーニョのキャリアは、初めのうちは芳しくなかった。ベンフィカで9ヶ月、その後ウニオン・レイリアへ行き、リーグ4位でシーズンを終えた。そして、2002年1月にポルトでようやく自身初の国内リーグ優勝を果たす。前にも書いたとおり、ポルトで初めて開幕から終了までを過ごしたシーズン（2002〜03シーズン）には3冠（スーペルリーガ、ポルトガルカップ、UEFAカップ）を達成。2年目の2003〜04シーズンにはスーペルリーガ、そしてついにチャンピオンズリーグを制覇している。

〝スペシャル・ワン〟というニックネーム。その由来はとても有名だ。2004年6月、モウリーニョは年俸4200万ユーロでイングランドに渡り、チェルシーを指揮することになった。その最初の記者会見で彼はこう言い放った。

「傲慢と言われるのは本意ではない。しかし私はヨーロッパチャンピオンであり、〝スペシャル〟だと自負している」

そこから、イギリスのマスコミが〝スペシャル・ワン〟というあだ名を考え出したのだ。

初めのうちこそ、このあだ名はイングランドのマスコミと評論家筋でのみ通じる冗談だったが、〝スペシャル・ワン〟はいつしかモウリーニョのアイデンティティーを示すものに姿を変えた。チェルシーでのモウリーニョの全盛期には、スタンフォード・ブリッジに集まったサポーターの波が愛する監督の名前をこんなふうに歌っていた。

「ジョゼ・モウリーニョ、ジョゼ・モウリーニョ。帰ってきてくれ、ジョゼ・モウリーニョ。立ち上がれ、立ち上がれ、〝スペシャル・ワン〟のために」

チェルシーのサポーターたち（２００９年９月29日）

サッカー界のジェームズ・ボンド

クレジットカード会社アメリカン・エキスプレスの広告に、ジョゼ・モウリーニョが出演したことは3章ですでに述べた。彼はチェルシーの監督だった頃にも、韓国の家電メーカー、サムスンの広告に起用されている。コマーシャルはこういった感じだ。モウリーニョが携帯電話D６００で若いサッカー選手のプレーの写真を撮っていると、「今すぐ会議に出席してくれ」と電話がかかってくる。モウリーニョは屋根に登り、００７の映画のごとく家から家へ飛び移って追っ手から逃げる。会議室に着く頃には完璧に身なりを整えており、髪も乱れていない。最後に「想像することはそれほど難しくない」というナレーションが入る。またポルトガルのファイナンス会社BPIのコマーシャルでは、自信満々にこう豪語する。
「勝つためでなければ、ここには来ていない」

「悪役」が人気者になる時代

2012年のゴヤ賞（訳注：スペインで最も権威ある映画賞）の最優秀男優賞にノミネートされた俳優は、ルイス・トサル、アントニオ・バンデラス、ダニエル・ブリュール、ホセ・コロナードだ。

ゴヤ賞を何度も受賞している俳優のトサルは、『スリーピングタイト　白肌の美女の異常な夜』（ジャウマ・バラゲロ監督作品）で、隣家の覗きに没頭するマンション管理人セサルを演じた。若い女クララ（マルタ・エトゥラ）に心を奪われたセサルは、幸せなどこの世に存在しえないと考えた。また、世界的に知られるスペイン人俳優バンデラスはペドロ・アルモドバル監督作品『私が、生きる肌』で、人工皮膚を作ろうとしてエレナ・アナヤ演じるベラ・クルスという女を実験台にする外科医を演じた。

ブリュールはキケ・マイロ監督の『エヴァ』で、ロボット工学部のために子どものロボットを作るという使命を受けて近未来のサンタイレーネ地方に戻ってくる、サイバネティックエンジニアを演じた。そして（最終的に受賞した）コロナドはエンリケ・ウルビス監督の『悪人に平穏なし』で、かつては輝かしい功績を残しつつも、今は酒びたりで地元のバーに入り浸り、3つの殺人に関わってしまう刑事、サントス・トリニダ役を演じた。

これらの登場人物は4人とも非情で気難しく、その魅力は善良さや無邪気さによるものではない。

企業経営の専門家フランシスコ・アルカイデは、2010年11月30日付けのブログで「なぜ我々は悪役が好きなのか？」と疑問を呈し、次のように答えている。

「多くの人を魅了し、自分を嫌うその他の人さえも黙らせる、ジョゼ・モウリーニョの魅力とは何かと、よく尋ねられる。私に答えられるとすれば、サッカーにはモウリーニョ、リアリティーショーにはリスト・メヒデ、そしてテレビシリーズにはドクター・ハウス（アメリカの医療ドラマ『ドクター・ハウス』の主人公）がいるということくらいだろうか。通常これらの人物は、論理的に考えれば大衆から拒絶されるはずだ。〝恵まれて〟いて、尊大で、挑戦的で、絶対的権力を持っていて、そして強気と思われる彼らだが、なぜか人に好かれ、少なくとも多くの人を魅了し、興味を抱かせる」

我々は以前、マヌエル・デル・ポソ（訳注：カタルーニャ州の文部・大学大臣）と会って、バーナード・マドフ（財界の大物たちをまんまと騙した詐欺師）について次のように話し合ったことがある。

「悪役が人を惹きつけるのは、多くの人があえて言わないようなことを口にし、臆病な我々の前に立つ模範になるからだ。善人も度を過ぎれば馬鹿になる。それは、厄介事に巻き込まれたり友人に悪事を働かれたりしても、善良な反応しかしないからだ」

いっぽうで、先に紹介した企業経営の専門家のアルカイデは、悪役の魅力を他の者があえて言わないことを口にすることだと主張する。

「語弊はあるかもしれないが、正直さが武器になることはままあるし、現代社会においてそういうものは軽い過ちでは済まないケースもある。あるときタレントのリスト・メヒデと話していたら、彼はこう言った。『今では、正直であることはものすごく悪いことと思われがちだ。世の中に嘘が蔓延しすぎて真実さえも嘘に見えるようになっている。だから、正直さの意味が取り違えられることもありえる。みなでよってたかって真実を隠しているので、いざ真実が明らかになると大衆は大騒ぎする』と」

さらにメヒデは、こんなふうにも語ったそうだ。

「『オペレーション・トライアンフ』（訳注：テレビのコンテスト番組）に出ていた頃の私は、出場者に対して正直に、思ったことを言おうとした。そしてそれを際立たせるというわけだ。ところがそれは視聴者に衝撃を与えた。ある出場者が「自分は台本どおりにリアクションしたのに、番組は全部仕組まれていた」と言い出したのだ。番組の中での私のコメントだけが真実だと。そりゃもう大騒ぎさ。悲しいのは、真実までが嘘に思えてしまうこと、そしてテレビの世界のお約束をこの件がよく物語ってるってことだ。そんな偽善的な世界では、正直さ（ときにモウリーニョやメヒデ、ドクター・ハウスが言う〝馬鹿正直〟でもあるが）はかえって貴重なものだ』」

「私は知能の切り売りは嫌いだ。知的な正直さが好きだ」

ジョゼ・モウリーニョ

「我々が悪役に魅了されるのは、人間が抑圧してきた欲求を満たしてくれるという幻想をまさに具現化してくれるからだ。何より、悪役が見せてくれる結末は面白い。それは、悪役は予測のつかないことをしでかし、退屈を蹴散らし、カリスマ性とリーダーシップの才能を合わせ持ち、好感を持たせてくれる存在だからだ。我々にはどこか彼らをうらやましく思っているところがある。それは、彼らが総じてその冷酷さの奥にリーダー的な能力を秘めており、それに都合よく導かれた大衆の力が覚醒し、鼓舞され、発奮し、最大限に発揮されることを知っているからだ」

マヌエル・デル・ポソ（『El bueno, el feo y el Madoff』〈日本未発売〉より）

「バルサのサポーターと同じく私も（レアル・マドリードがモウリーニョを獲得したことで）戦々恐々としていますが、すばらしいことなので楽しみでもあります。彼の意地の悪さが私は大好きです。確かに粗暴で下品なところがあるので、そこは要注意ですが。しかし彼の年俸は跳ね上がるし、イメージアップにもつながる。わくわくしますね」

ピラール・ラオラ（カタルーニャの政治家、著述家）

ドイツの雑誌『Bild Sport』が、ヨーロッパサッカー界最高の悪役ランキングなるものを掲載したことがある。モウリーニョは、ペペ（モウリーニョ配下の現役選手の1人）、マルコ・マテラッツィ（インテル時代のモウリーニョのもとでプレーした元選手で、モウリーニョ退任時には共に泣いて悲しんだ）、ズラタン・イブラヒモビッチ（当時ACミラン）、ルイス・スアレス（リバプール）に続いて5位にランクインした。

「ペップには22人のスターを操ることはできないが、モウリーニョにはできる」

ズラタン・イブラヒモビッチ（スウェーデン代表FW）

たとえば、映画に悪役が1人もいなかったらどうなるだろう。ジャン・マルティンは著書『Los Malos del Cine』（日本未発売）で、これらの特殊な登場人物について書いている。ヴィトー・コルレオーネ（『ゴッドファーザー』）からハンニバル・レクター（『羊たちの沈黙』）、ダース・ベイダー（『スター・ウォーズ』）、西の悪い魔女（『オズの魔法使』）、コーラ・スミス（『郵便配達は二度ベルを鳴らす』）、ヴォルデモート卿（『ハリー・ポッター』シリーズ）、アーモン・ゲート（『シンドラーのリスト』）、ノーマン・ベイツ（『サイコ』）、ゴードン・ゲッコー（『ウォール街』）に至るまで。ショービジネスの世界では、〝悪役〟のほうが話題になるのだ。

「魅力的な悪役と言えば、究極の悪で異常な存在であるダース・ベイダーが思い浮かぶ。黒いビニールのマントにマスク姿というあの出で立ちは、一体何を意味しているのだろうか。あれは、純粋なサディズムだ。さらに、スペイン語版吹き替えに起用されたコンスタンティーノ・ロメロの声——息切れしたようなあの口調はデイヴィッド・リンチ監督の『ブルーベルベット』で完成する——によって、世紀末のセックスシンボル（とりわけ知的な女性）ならではのボンデージ感覚とダークな魅力が強調されている」

ルシア・エチェバリア（スペインの作家／『Qué buenos están los malos』〈日本未発売〉より）

「不平だと？　何が不平だ。不平なんかじゃない、本当のことだ。君は偽善者か？」

ジョゼ・モウリーニョ（2011年3月2日、スペインの新聞記者に対して）

「グアルディオラとモウリーニョだったら、私はモウリーニョのもとでプレーしたいね。彼は信用できるから。グアルディオラは別のクラブだったらよかったのに」

フアン・セバスチャン・ベロン（元アルゼンチン代表ＭＦ）

「グアルディオラよりモウリーニョのほうが好きだ」

ディエゴ・シメオネ（元アトレティコ・マドリードＭＦ）

11. プレゼンに挑む〝極意〟――公式会見から読み解く

お前が望もうが望むまいが
自分の責任を果たせ　自分の行動を支配しろ
絶対に奴隷になるな　誰にも自分が何者か決めさせるな
変わってはいけない　お前の心の奥にある無意識の運命が
何かを成し遂げる　知るがいい　お前の功績を

フェルナンド・ペソア（出典不明）

キング・オブ・ポルト

２００２年1月23日。ＦＣポルトの新監督としてジョゼ・モウリーニョが発表された。ポルトガル北部に本拠地を置くポルトは順位を急激に落としており、ジョルジュ・ヌーノ・ピント・ダ・コスタ会長はなんとかしてチームを全盛期の地位に戻したかった。ポルトはその３年前から国内リーグで優勝から遠ざかっており（そこまで成績の悪かった前例は、１９７０年代以来だった）、モウリーニョ就任時にはリーグ6位で、すでにあきらめムードが漂っていた。ところが、記者会見でモウリーニョは「来年チャンピオンになることを私は一切疑っていない」という爆弾発言をする。彼は15試合を戦い（11勝2敗2分）、最終的に3位までチームを引き上げた。そしてその翌年、モウリーニョの〝予言〟どおり、ポルトは国内リーグを制覇した。

それこそ、リカルド・カルバーリョ、コスチーニャ、デコ、ドミトリー・アレニチェフ、ポスティガ、そしてキャプテンのジョルジュ・コスタ（6ヶ月前、前監督のオクタビオ・マチャドとの関係悪化により、チャールトン・アスレティックにレンタル移籍したが、モウリーニョによって呼び戻された）が在籍したあのポルトだ。その年の夏に契約した選手の中には、ウニオン・レイリアから来た（モウリーニョ配下にいた）ヌーノ・バレンテとデルレイ、ヴィトリア・セトゥーバルから来たパウロ・フェレイラ、ボアヴィスタから来たペドロ・エマヌエル、ベンフィカとの契約が切れたエドガラス・ヤンカウスカスとマニシェがいた。そして27勝2敗5分、勝ち点86、2位のベンフィカに11ポイント差という驚異的な成績で国内リーグで優勝した。２００３年5月にはＵＥＦＡカップとヨーロッパリーグも制覇。見事、チャンピオンに返り咲いた。

スペシャル・ワン

２００４年6月2日。ジョゼ・モウリーニョは本来はリバプールとの契約を望んでいたが、(結局リバプールはラファエル・ベニテスと契約した)、最終的にロマン・アブラモビッチが破格の年俸を提示したことでチェルシーの監督に就任した。その日、モウリーニョは初めてイギリスのマスコミの前で会見を行う。その際に発した名言をもう一度紹介する。

「傲慢と言われるのは本意ではない。しかし私はヨーロッパチャンピオンであり、〝スペシャル〟だと自負している」

また彼は、「自分の意図は、チームのポテンシャルを最大限に発揮させると共に状況を改善し、自分のイメージと哲学に合うサッカーチームを作り上げることだ」とも述べている。

「最近、君たちが狙いをつけている選手の名前が全部本当なら、うちのチームは50人以上の大所帯になるだろう。だが私は大きなチームは好きではない。21人プラスＧＫ程度の小さなチームがいい。それ以上はいらない」

「最高の選手たちと、間違いなく最高の監督が揃った」

「私はチームの精神を守る存在だから、全員を同じように扱うことをまず選手たちに約束したい。どの選手とも特別な関係を持つつもりはない。(中略)選手たちが勝ちたいという意思を持ってくれたら幸いだ。90分で勝つだけでなく、毎日、毎回の練習セッション、生活のすべてにおいて勝つ。そんなふうに意識を高めてもらいたい」

そして前クラブのFCポルトについて、こう続けている。

「ポルトのサポーターは私のありのままの姿を知っているし、ポルトでの私の功績は消せないことも知っている。（中略）ポルトに敬意を表したいと思う。非常に優秀なクラブであり、すばらしい選手と首脳陣ばかりで、サポーターからも絶大な支持を受けている。新たな挑戦に立ち向かう私の意志、希望、夢をどうか理解してほしい。きっとうまくいくと期待している。もしチャンピオンズリーグで相まみえることがあれば、それは私がポルトに負けてほしいと願う最初の瞬間になることだろう。私にとって、ポルトはすばらしい歴史が詰まったクラブだ。しかし、その歴史はもう幕を閉じたのだ」

その言葉の後どうなったか。チェルシーは7000万ポンド以上の巨額を費やして、チアゴ・メンデス（ベンフィカから）、マイケル・エッシェン（リヨンから）、ディディエ・ドログバ（マルセイユから）、マテヤ・ケジュマン（PSVから）を獲得。そしてもちろん、ポルトからもリカルド・カルバーリョ、パウロ・フェレイラなど数人を獲得した。だが結局、モウリーニョ率いるチェルシーはラファエル・ベニテス率いるリバプールに敗れ、チャンピオンズリーグを制覇できなかった。

モウリーニョのショーはまだまだ続く

2008年6月3日。ロベルト・マンチーニに代わるインテルの新監督として、ジョゼ・モウリーニョがイタリアのマスコミの前に現れた。契約期間は3年。モウリーニョは会見をイタリア語で行った（「3週間」でマスターしたと本人はうそぶいている）。45分に及ぶ華々しい記者会見にはしっかり見張り役が付いていたが、結局はモウリーニョの独演会となった。自信に満ちあふれた、すばらしい会見だった。

「スペシャルなクラブに来たからには、ここでは単に〝ミステル〟（訳注：ミスター＝監督の意）ではなくモウリーニョと呼ばれたい。それで十分だ。（中略）ロベルト・マンチーニのような偉大な監督の後任者として、私は新しい時代を切り開くことになるだろう。しかしロベルトと私は違う人間であり、これは私にとって大きな挑戦だ。いい仕事をすれば、当然結果はついてくるものだと私は信じている。イタリアに来ることができて幸せだ。サッカー的な観点においてもすばらしい国であり、私をここに連れてきてくれたモラッティ会長と、スポーツディレクターのブランカに感謝している」

「マスコミの批評をいちいち気にしていたら、70人のチームができあがってしまう。実際にはフィールド21人とキーパー3人がいればいい。私はそういうチームが欲しい。劇的な変化や有機的な変化は必要ない。サッカーの哲学をちょっと改善したり変えたりするのに必要なのは2、3人だ。そしてそれは私の配下の選手であり、現時点で世界一の選手たちだ。（中略）チェルシーから選手を買いたいと思うか？　もちろんチェルシーが放出するなら、ほとんどみな私の後を追って一緒にやりたいと言い出すだろう」

イタリア語については「3週間勉強して覚えた。私はポルトガル語とスペイン語を話すし、イタリア語も同じラテン系の言葉だから、それほどたいへんではなかった」と述べている。

イタリアリーグについてはこう語った。

「セリエAは拡大し続けている。昔そうだったように、再びサッカー界で重要なチャンピオンシップになることだろう。ACミランもユベントスもローマもすばらしいチームであり、重要な選手たちと共に上を目指している。そういったチャンピオンシップの中心的存在の中に、私も入りたいと思う」

家族については「ミラノに来て一緒に住む。私は家族がいなければ仕事にならない。家族は唯一、サッカーよりも大事なものだ」と語り、こんな言葉も続けた。

「チャンピオンズリーグはすべてのサッカー選手の夢だ。(中略)私は2度準決勝を戦って、そのうち1度優勝している。チェルシーよりもインテルで勝つほうが難しいだって? 私にとって挑戦とはいつも同じものだ。私は、勝ちたい」

「会長からインテルの歴史に関する貴重な本をもらった。そしてこれからは私が新しい歴史をスタートさせる。新たなサイクルをスタートしようではないか」

結局、モウリーニョは3人の選手を獲得した。ブラジル人MFのアレッサンドロ・マンシーニ、ガーナ出身のMFサリー・ムンタリ、モウリーニョと同国人のMFリカルド・クアレスマ。そして2年目のシーズンには決勝戦の舞台、サンチャゴ・ベルナベウでバイエルン・ミュンヘンを下し、チャンピオンズリーグを制した。

チャンピオンズリーグで優勝できなかったのが残念だ

2010年5月28日、ジョゼ・モウリーニョがマヌエル・ペジェグリーニの後任として、レアル・マドリードの監督に就任することが確定した。過去7年間で11人目の監督交代だった。それから3日後の5月31日、午後1時にモウリーニョは記者会見を行った。

「私がレアル・マドリードの監督になるために生まれてきたかどうかは分からないが、サッカーの監督になるために生まれてきたのは確かだ。最も重要なこの挑戦をうれしく思う。レアル・マドリードは非常に個性あるクラブだ。（中略）これまですばらしいキャリアを積む幸運に恵まれてきたが、このクラブの監督を務めるのは何よりも大きな誇りだ。選手たちにも私と同じように感じてもらいたい。すばらしいのはレアル・マドリードでプレーしたり監督したりすることでなく、レアル・マドリードで勝つことなのだ。それが私のモチベーションだ」

「フロレンティーノ・ペレス会長と同じく私も、昨年のレアル・マドリードがチャンピオンズリーグで優勝できなかったのを残念に思っている」

「私は監督であってそれ以上の存在ではない。グループの中でたくさんの人と一緒に仕事をする監督だから、私のそばにいる人間は質の高い人間でなくてはならないといつも言っている。私は負うべき責任のある監督だ。しかし、きちんとした組織を築けない監督は監督とはいえない。だから、最高の人材と一緒に仕事をしたい」

「ジョゼ・モウリーニョという人間には、長所もあれば短所もある」

「最初にすべきことは、たくさんの質問をして、たくさんの回答を待ち、状況を判断して、クラブをよく知り、私のやり方に合わせていくつかの物事を変更することだ」

「チーム固有の価値感とビジョンを作るのに、それほど時間は必要ない」

「嘘をつくのは嫌いなのではっきり言うが、この２００９〜10シーズンに私はあらゆる最高監督賞を受賞することだろう。しかしそれはすべて、私のチームの成功によるものだ。私の配下だった選手たち、すばらしいチーム、そこにいたすばらしい選手たちについて言えば、次のシーズンにはすべてのタイトルを獲得できると期待している。国内リーグ、国王杯、ヨーロッパスーパーカップ、インターコンチネンタル……。チャンピオンズリーグ以外のすべてだ」

「クリスティアーノ・ロナウドは重要な選手だが、もっと重要なのはチームだ。クラブという唯一の存在と比較すれば、選手や監督など小さな存在にすぎない」

「私のキャリアにおいてこれが最大のモチベーションであるとは言えない。なぜなら、私の最大の挑戦は常に次にあるからだ。約束のレベルを下げることは絶対にしない。これまでに所属したすべてのクラブで全力を尽くしてきたから、今度はレアル・マドリードで全力を尽くす。私はサッカー界において、クラブの実力に見合うタイトルはすべて獲得できたけれども、獲得したタイトルで満足することはない。常にもっともっと上を目指している」

「このチームには急激な変化は必要ない。プレーの理想に合わせて3、4人獲得するだけでいい」

そして約束どおり、モウリーニョは4人の選手を獲得した。ドイツ人MFのメスト・エジル（1500万ユーロ）、MFのサミ・ケディラ（1300万ユーロ）、FCポルトとチェルシーでもモウリーニョのもとでプレーしたポルトガル人DF、リカルド・カルバーリョ（800万ユーロ）、アルゼンチン人FWのアンヘル・ディ・マリア（2500万ユーロ）。そしてマドリードでの最初のシーズンには2011年の国王杯を制し、2年目には得点数と勝利数の記録を打ち立ててリーグ戦で優勝した。

効果を約束すること

ジョゼ・モウリーニョの特徴として、効果を約束できることが挙げられる。彼が指揮したチーム（FCポルト、チェルシー、インテル、レアル・マドリード）のいずれにおいても、最初の記者会見での所信表明にはある基準が存在する。共通するのは以下の8つだ。

●ポルトガル語、英語、イタリア語、スペイン語を、マスコミと自分の好みに応じて使い分ける。

●〝スペシャル〟であることに対する自信と条件を明言する。

●新しい挑戦への希望を述べる。
●選手の獲得に関してマスコミがどんな噂話をしても、チームの再構築を率直に述べる。
●個人ではなく、チームを基準に考えて仕事をする。
●クラブ固有の文化を尊重する。
●自分と契約した会長に感謝の意を表する。
●それまで所属したクラブでの実績をリセットし、そのチームに対して「チャンピオンズリーグを除き」最高の結果を願う。

もう1つ進化したことがある。2002年にポルトの監督に就任した当時のモウリーニョは、とんでもない約束をしなくては（そしてそれを履行しなくては）ならなかった。しかし2010年にレアルの監督に就任した際のモウリーニョは、約束を考える必要はなかった。すでに達成された前例があったからだ。

「振り返れば、2010年は私のキャリアの中で最高の年だ。10点満点でいえば11点をつけたいくらいだ。なぜなら、インテルもレアルも勝てるすべての大会で優勝したし、次のシーズンはすべてのタイトルを獲れる可能性が出てきたからだ。完璧なシーズンだ」

ジョゼ・モウリーニョ（2010年12月18日）

「モウリーニョに賛同するやつは100パーセントの忠誠を誓い、反対するやつは200パーセント反対する」

マニシェ（FCポルトで3年間モウリーニョのもとでプレーした、元ポルトガル代表MF）

12. 強気のメディア活用法

こうして自然に年を取り
同じ声と同じ感覚で話すだろう
そしていつかその日がやってきても
もう話すことは何もない
なにものでもなく　何も言わない

フェルナンド・ペソア（出典不明）

議論というものを抜きにして、ジョゼ・モウリーニョの成功を語ることはできない。才能豊かで少々傲慢なところがあるモウリーニョが口にする言葉は、たびたび物議を醸してきた。にもかかわらず、モウリーニョは国内外で勝ち続けている。グラウンドを出ればプレッシャーを一手に引き受け、そして何者にも怖気づくことなく、常に個性を誇示し、いかなる瞬間にもマスコミに見せたいと望む自分やチームのイメージを演じている。

戦術や守備の体系に情熱を燃やす、議論好きな勝利者。いつでもどこでもタイトルを勝ち取り、ときに少々不可解な言動や議論を伴いながらも、誰にも媚びない知性を見せつけるサッカーの魔術師なのだ。

「私は自分がしゃべりたいときにしゃべる。マスコミに頼まれたときじゃない」

ジョゼ・モウリーニョ

モウリーニョの記者会見は、最初のうちはいつも静かだ。最初はあまり話したがらなさそうなのに、時間がたつにつれて〝熱く〟なってくる。直情的な彼のキャラクターがそうさせるのだ。ときには間違い、あるいは後悔するかもしれないことさえ口走る。答えは短く、ときにはそっけない。彼は間違いなく、マスコミとのやり取りや記者会見を、サポーターとの関係維持の手段の1つとして利用している。サポーターをそそのかしたり、鼓舞したりする術を知っている。怒りをあらわにするだけでなく、たまに敵意を見せることが、相手をより不安にさせる行為だと分かっているのだろう。言い換えるとそのときどきで必要なことを伝えるための、マスコミの利用法を熟知しているのだ。

モウリーニョはシェルターを作って、チームの成功の妨げになるコメントや報道からチームを隔離する。そして、チーム全員が一体となって目的を達成するように仕向ける能力を持っている。さらにモウリーニョが備えている最も重要な資質が、自由に使える人的リソースはそれぞれ違っているのに、どのチームも見事にまとめ上げる点だ。それがモウリーニョを、そのときの状況に適応しながら最高の試合結果を導き出す効率的な監督たらしめているのである。

モウリーニョはコミュニケーション能力が高い。マスコミの使い方を心得ており、ときにはぶっきらぼうで攻撃的な態度も取る。試合前にはマスコミを締め出して緊張感を保つこともある。あるとき、モウリーニョはこう言った。

「1つの試合に自分のキャリアを賭ける必要がなくなるには、経歴にいくつタイトルが入っていなくてはいけないんだろうか」

レアル・マドリードが強く、攻撃的で、ファンに賞賛されるチームになれたのは、彼のコミュニケーションと現場での仕事のコンビネーションの賜物だ。ピッチで成し遂げられた成功にはたいていの場合、記者会見でのモウリーニョの発言を発端とする論争がおまけとしてついてくる。ピッチ上で起きたいざこざが記者会見にまで続き、90分間の試合延長の様相を呈してくる。彼のライバル意識は相手チームだけでなく、ときに記事を書くジャーナリストそのものにまで及ぶのだ。

モウリーニョの心理面

バレンシア大学のスポーツ心理学者で「Futbol by suite 101」というブログを運営しているクリスティアン・ヒスタインは、ジョゼ・モウリーニョの会見をこう分析している。

「記者会見に注目すると、ふだんは肩をすくめて無関心を装っているか、デスクの上で腕組みをしているモウリーニョの姿を見ることができる。これは自分の内面を見せたくないという態度の表れであり、そこからは自分の本当のスタイルに反する行動を示そうとしているのが見て取れる。おびえた無防備な犠牲者というイメージを見せつけようとしているのだ。その表情には、小さな子どもが機嫌を損ねたり叱られたりしたときのように、唇を突き出したりしかめっ面をしたりという子どもっぽい仕草も認められる」

そしてこう書き添えている。

「この戦術は、チャンピオンであること、〝スペシャル〟であること、人差し指を立てて勝利への喜びを誇示するときには用いられない。その一連の表情は、主役であること、個人主義者であること、そして何よりも自分が勝者であることを示そうとする熱意の表れだ」

「彼はサッカーを離れるとまったく別人になるらしい。優しくて、親切で、面白くて、いい仲間で、気弱で、控えめで、家庭的。ところがスタジアムでは態度を一変させる。傲慢で、議論好きで、無礼で、他人と距離を置き、不平を言い、挑戦的になる」

エレオノラ・ヒオビオ（『エル・パイス』紙 編集者／『ローリングストーン』誌の記事「Con Mourinho no puede nadie」より）

どうもモウリーニョは、FCバルセロナでルイス・ファン・ハールのアシスタントコーチを務めていた頃に、ファン・ハールからこの「二重モデル」あるいは二極性というようなコミュニケーション術を学んだようだ。『ムンド・デポルティーボ』紙記者のミゲル・リコはこう分析する。

「公の場では、ファン・ハールはよそよそしい態度を取るのが得意だった。なのに、プライベートではとても親密でセンチメンタルな人で、まるで二重人格者のようだった。モウリーニョはファン・ハールのそばで、周囲との距離のとり方を学んだのだろう。大衆から大急ぎで距離を置かざるをえないのは、それが自分がチームの長であると証明する最善の策だということを会得したからだ」

モウリーニョは親しみやすく、たいへん信心深い人物だが、公に対しては仲間内での人柄とまったく違う人物像を見せる。大衆の前ではずる賢く野心的で、不平不満をすぐにぶちまける面がある（それが〝アキレス腱〟かもしれない）。

どこかのマスコミが「モウリーニョのヒステリーは伝染する」などと書き立てたことがある。レアル・マドリードの監督になってから、モウリーニョは3度も退場処分を受け（リーグ戦、国王杯、チャンピオンズリーグ)、レアルの選手は23人もレッドカードを食らい(うち7人がクラシコで)、フィジカルトレーナーのルイ・ファリアも4度退場処分になっているからだ。モウリーニョがレアルのベンチに座るようになって以来、ペペとセルヒオ・ラモスはそれぞれ4試合で退場になった。

「レアル・マドリードのすごさはそのプレーにある。ヒステリーは、自らのテクニックに対するフラストレーションの発露でしかない。このままではマドリードの未来が危ない」と『エル・パイス』紙の記者ホセ・サマノは書いている。

レアルのフロレンティーノ・ペレス会長は、2012年3月21日の敵地エル・マドリガルでのビジャレアル戦(1-1のドロー)における事件の後、こう語っている。

「レアル・マドリードは絶対に屈服しない」

13. 公私の〝メリハリ〟こそが戦う活力

ときに夢は悲しく
欲望の中に存在する
遠く思うはわが祖国
しあわせのあるところ
ただしあわせだけがあるところ

フェルナンド・ペソア（出典不明）

成功を収めた者は、常に私生活を秘密にしたい、誰にもプライベートな生活を知られたくないと考えるものだ。ジョゼ・モウリーニョも間違いなくそのうちの1人である。何者にもプライベートを侵害されたくないし、侵害される覚えもない。だから、公に見せる人物像と私的な人格との間にはっきり境界線を引くのだ。

モウリーニョがクラブ（最近のシーズンではレアル・マドリード）に捧げる献身は賞賛に値する。しかし1日を終えれば、レアルの監督としてのプレッシャーをすべて後回しにし、家族のためだけに身を捧げることができる人物でもある。多くの人には気づかれることのないこの能力により、モウリーニョは情緒を安定させ、そしてそれを仕事の実績に反映させることができるのだ。

家族の支えがなければ、自分の抱える問題が人格にまで波及し、ひいては監督としての職務に影響するということを彼は自覚している。だから寸暇を惜しんで家族と共に過ごし、ときには息子を練習に連れてきて、一緒にいる時間をもっと長く楽しめるようにする。モウリーニョの場合、そのせいで仕事に支障が出ることはない。むしろその逆だ。非常に新鮮な気分で、練習の指導にあたることができるのだ。

彼の息子、娘と妻のマティルデ（タミという愛称で呼ばれ、結婚して20年以上になる）が、モウリーニョが成功を成し遂げるための鍵だった。そのため、世界有数のチームの監督というポストのせいで家族に何らかの影響が及ぶような事態が訪れたら、彼は必ずそれに抵抗する。それゆえにモウリーニョは家族については固く口を閉ざしており、プライベートな生活にまつわることにも徹底した秘密主義を貫いている。

「プライベートな生活について、誰にも説明する義務はない」

ジョゼ・モウリーニョ

モウリーニョにとって家族は本当に一番大切なものだ。完全無欠と思われがちな彼ですら、家族と過ごす時間を恋しく思っている。ビッグクラブの監督という仕事を全うするには多大な時間が必要であり、それによって家族と過ごす時間が失われることは彼も分かっている。そして次の発言からも読み取れるとおり、それが彼にとって最も気がかりなことなのだ。

「サッカーが私から奪ったものは、私がサッカーから得たものよりも大きい。サッカーは私に日々を生きるための楽しさをくれたが、何よりも大切なものを私から奪っていった。それは、生活の基本的なことだ。妻や子どもたちと静かにアイスクリームを食べることもできないし、休暇に出かけることもできない。そういう当たり前の生活ができないのだ。プライバシーも奪われるし、私の家族のほうが私よりも失うものが多い。家の中での生活こそが私の生活なのだ」

「何時間も働いた後、家に帰って家族と一緒にくつろぐのが好きだ。自分の居場所を求めるときのようにエゴイストになる必要がない。妻が好きな映画を見るとか、劇場に行って子どもたちが好きな映画を見るとか、家族のためにしたいことだけをすればいい」

チームと同様、モウリーニョは家族のためにも避難所のようなところを作り、マスコミや、日々の生活を邪魔したり家族の絆を狂わせようと企てたりするすべての圧力から家族を守っている。

「サッカーにおいてはあらゆるリスクを冒す。だが個人としてはそういうことはしない」とモウリーニョは語る。彼は大都市を嫌い（せいぜいレアルを指揮するマドリードの中心部へ3回行ったくらいだ）、郊外の町で家族と過ごすほうを好む。

光り輝く才能、公に見せる姿、懸命に私生活を守ろうとする1人の人間。モウリーニョが不快になることがあるとすれば、それはプライバシーが奪われ、子どもたちや妻との日々の生活が邪魔されることだろう。


「私はプライバシーを完全に失った。誰もが私を知っていて、誰もが私の噂話を交わす。おかげで、静かに通りを歩いたり、子どもたちや妻と散歩したり静かに旅をしたりすることもできない」

ジョゼ・モウリーニョ

マスコミを通じて見える姿と私生活は別の人格であること、私生活こそ家族や友人だけが本当に知っている人格であることを、モウリーニョは認識している。だからこそ指導者としてのアドバンテージが確保される。すなわち、自分の本当の興味の対象やモチベーション、弱みを見せないことで、何人たりともそれらを悪用して不利益をこうむらないようにすることができるからだ。リーダーシップの鍵となる要素の1つは情報分析だ。ライバルに関するたくさんの情報を準備したり、反対に自分の手持ちの情報を他の情報と突き合わせたりすることを、モウリーニョは完璧にやってのける。モウリーニョはこう言う。

「試合中、私は90分立ちっぱなしで自分のチームのメンバーや相手チームのメンバー、審判としゃべっている。私は試合をしているのであり、芝居をしているのではない。つまり、それが私の仕事だ。記者会見も仕事の1つだ。みなが知っている私は働くモウリーニョで、本当の私の姿は誰も知らない。家族と友人以外は」

期待どおりの結果を出したり、自分が決めた目的を達成したりするために、監督として、またはマスコミに見せる姿としての自分の役割はほぼ限界を超えていると、モウリーニョは自覚している。テレビで自分の姿を見るたび、これは自分ではないと彼は思う。だから、彼自身も家族も、〝スペシャル・ワン〟と呼ばれるその人格を嫌っているという。

「妻はサッカーが嫌いだ。私はそのことも、彼女が批判的であることも知っている。妻は〝スペシャル・ワン〟を愛してはいないし、私自身もそう感じている。その上、なまじ私が世間で注目されるばかりに、自分や子どもたちの生活まで注目されるのを妻は嫌がっている」

マスコミにさらされることで自分自身が信じられなくなったり、自分が普通でないと感じたりすることはありえる。事実が歪曲されたり、改ざんされたり、ある事実と別の事実が矛盾しないように加工されたりする可能性があるからだ。それが私生活での沈黙であり、有名税なのだ。モウリーニョの望みは、たくさんの人々や親友たちが、自分が心から欲している私生活の一部を形成してくれることではないだろうか。

先に述べたとおり、モウリーニョは内輪の話を絶対に外ではしない。数少ない例外の1つが、FIFAのバロンドール授賞式の後でマドリードに帰る機内でのことだ。モウリーニョは2010年の最優秀監督賞を受賞し、クリスティアーノ・ロナウドとイケル・カシージャスもその年のベストイレブンに選ばれていた。カシージャスはサモラ賞も受賞した。その場でモウリーニョは、我々があまり聞いたことのない、非常に友好的な口調で発言したのだ。配下の選手たちに抱いている親愛の情と、彼らがいなければ今の自分はありえないことを表明すると共に、こう述べたのだ。

「クリスティアーノ・ロナウドもカシージャスも、今回バロンドールを受賞したFCバルセロナのアルゼンチン人選手リオネル・メッシと同じくらい、バロンドールにふさわしい」

実際、モウリーニョは、「ポルトガル人選手が3～4回はバロンドールを受賞すべきであり、カシージャスがGKだという理由だけで2010年のベストプレーヤー3人に選ばれていないのは非常に残念だと考えている」という。

「私たちは神様に出会う必要があります。そして、騒ぎや不安の中では神様に出会うことはできません。神様は静寂の友です。木々や花々、草のような自然が静寂の中で育つさまに目を留めてください。太陽や月、星々が静寂の中で動いていくことに目を留めてください。人の心に訴えるには、静寂が必要なのです」

マザー・テレサ（1910〜1997／精神・宗教指導者）

公の場では騒動と激情。私的な場では静寂。内臓の調節を担う間脳の機能領域をマッピングしたことにより、ノーベル医学・生理学賞を受賞した生理学者のヴァルター・ヘスは、次のような東洋の言い伝えを引用して静寂の価値を強調した。

「世の中には、我々人間には理解しえないたくさんのものが存在し、進化を続けている。それは、人間の脳組織は基本的に、自然環境において個々人が確実に生き永らえるように設計されているからだ。したがって、慎み深く静かにしていることは自然の流れに沿った生き方なのだ」

気功師でもあるオスカル・サラサール博士は、著書『La sabiduría del silencio』（日本未発売）の中で次のように書いている。

「人の頭脳は自我の死を防ぐため、静寂を避けようとする。しかしながら、静寂は物事の自然な状態であり、道（タオ）の道を進むために必要不可欠な条件だ。内なる静寂の中での生き方とは、次のようなものだ」

- 話す機会は必要最小限にし、言葉は簡潔明瞭にする。1つ1つの言葉によって、我々は自らの知の一部を外部に放出するからだ。
- 守れない約束をしない。泣き言を言ったり、否定的なイメージを抱かせるような発言を慎む。よいことや本当のこと、有益なことが言えないのなら、口を閉じたままでいるほうがよい。
- 他人の言葉に耳を傾ける。それが、自然界のエネルギーを反映する模範となる。我々が生きているこの環境は、我々の内なる言葉が現実に表れたものである。
- 謙虚で慎み深く、静かに生活を送り、我々に食べ物を与えてくれる大地と争わない。心の中の平穏を守り、挑発や策略を避ける。
- 内なる静寂は、思考や感情、想像、意志の休息を前提としている。自らに静寂を課せば、直感が湧き出てくるかもしれない。

マスコミの前でのモウリーニョの姿は、どう見ても静寂の友とは思えない。だが家庭的で友人と親しむ〝もう1人の〟モウリーニョは、静寂の知恵を操ることができるのだろう。

14. モウリーニョ式エレガンス

わたしは急いで行った　優雅に
微笑みながら　そして急がずに
そのとき何かを感じて　わたしは考え
そして短い歌を作った

フェルナンド・ペソア（出典不明）

フランスの作家で哲学教授でもあるミュリエル・バルベリのベストセラー『優雅なハリネズミ』（早川書房刊）の中の次の文章は、ジョゼ・モウリーニョにぴったり当てはまる。

「……優雅なハリネズミです。外見は棘《とげ》で、がっちりした砦でおおっているけれど、心はとても高貴な人だと思うのです。ものぐさなふりをして、頑として孤独を守り、すばらしく洗練されている。まさにハリネズミです」

ここでいう「優雅（エレガント）」という言葉はラテン語のelegere（選ぶ）に由来する。選択することは人間の大きな特性であり、常に「最良のものを選ぶ」ことを前提としている。配下の選手の才能にしても人間としての経験の質にしても、最高のものを選ぶことにかけてはモウリーニョは達人だといえる。したがって、優雅さは教育、デリカシー、文化という3つの要素から成り立つべきだ。

科学は単純かつ完璧で、異論の余地のない優雅な解答を追求する。数学者で、『オックスフォード連続殺人』（扶桑社刊。アレックス・デ・ラ・イグレシア監督により映画化もされた）の著者でもあるギジェルモ・マルティネスは、あるインタビューでこう述べている。

「私は数学と文学の間に大事なつながりを感じている。数学においては、プラトン的世界の事物とある行動パターンの規則性の間にある関連性がぼんやりと見える。後にそれがテキストとして体系化され、証明と呼ばれるようになる。文学においても登場人物や台詞、プロットの断片のプラトン的世界があり、それが連続した行として体系化され、物語や小説と呼ばれるようになる。その違いが重要なのだ。数学的言語は完全に正確でなくてはならず、あいまいさは許されない。言葉の意味も明確でなくてはならない。いっぽう、文学においては読者1人1人が異なる感覚を持っているため、テキストの響き方も異なってくる。数学では仮説によって何が答えか、何がエレガントな答えかが示される。数学はその観点のもとで、世界に関する考察を展開するものなのだ」

あいまいなのか、それとも明白なのか。どちらでもない、エレガントなのだ。モウリーニョの記者会見を分析してみると、彼は精神状態や心理状態に関係なく（あるいはまさしく心理状態に左右されないように見えるがゆえに）、どのような質問を受けても節度を失うことがまったくない。常に、その場にいる人（とテレビで見ている人）が眠くなりそうなゆっくりした優雅な調子でしゃべる。新しいクラブへの移籍発表でも、タイトルを獲った後や、（少なくとも彼によれば）いくつもの誤審による敗戦後の記者会見でも、モウリーニョの物腰が変わる様子は見られない。マスコミの前で見せる無関心な表情や態度と綿密に練り上げられた言葉が相まって、受け手の心に響くような効果を生じさせるのだ。問題発言が期待される最悪なシチュエーションでも、モウリーニョはしっかりした目つきともっともらしい表情で質問に答え、下手すればその後のシーズンがすべておじゃんになってしまいそうな状況も最終的には解決してしまう。モウリーニョにとって、試合は記者会見に始まり記者会見に終わる。選手たちのモチベーションを高め、ライバルに対する緊張感を消し去るには、すべての周辺環境をコントロールし、できる限り最高の利益を得ることが重要なのだ。実際にモウリーニョはこう言っている。

「試合前の記者会見も、試合後の記者会見も試合の一部」

コミュニケーションにおけるエレガンス。それは一見、物事をありのままに述べることによって会話のテーマが問題視されないような雰囲気を抱かせる。しかし逆に単純な言葉を使うことによって、特に（軽蔑的とも思える冷静さでもって彼が攻撃する）ライバルに対して、彼が発する言葉の効果がかえって何倍にも増すのだ。モウリーニョのコメントや、目的達成のためのもう1つの手段として彼が利用するマスコミが持つ力を見ればそれは明らかだ。とはいえ、多くの場合それは、マスコミによる批判や攻撃という形で彼にとって不利に働く。そのような批判の矛先が選手に向いてしまうと自分の成績に悪影響が及びかねないことを、モウリーニョはよく知っている。そこで自らが避雷針となって、選手に対するマスコミの注意を逸らすことでプレッシャーを取り除く。加えてチームが好調なときは、マスコミのお世辞によって選手たちが過剰な自信を抱かないように警戒している。

「モウリーニョは議論の余地のないほど優れたチームリーダーであり、避雷針であり牽引者。そして立案者でありクリエーターだ。研究に値する優れた人材で、唯一無比の模範である」

アリゴ・サッキ（ACミランの元監督で、ゾーン・プレスを編み出した人物）

マスコミの前でモウリーニョがよく用いるもう1つのテクニックが、不特定の対象に対する攻撃だ。誰宛てのメッセージかを直接的に述べないものの、誰に向けて言っているのかみな分かっている。これによってマスコミの間で大論争が起き、その週の間はモウリーニョの言葉の真意についての議論でもちきりになるから、彼自身は2つの目的を果たすことができる。1つは選手をプレッシャーから守ること、もう1つはチームにとって不都合な、または有害なシチュエーションを排除することである。

たとえば、FCバルセロナの試合時の時間の使い方について、モウリーニョが次のように強調したことがある。

「ピッチに出るタイミングを自分で決めている選手がいるかもしれない」（2011年2月25日）

それで議論のお膳立ては完了だ。考えをちょっとほのめかせさえすれば、ウイルスは勝手に拡散する。またあるときはこんなことを言った。

「1ゴールも挙げていない選手は他にもいるのに、そういう選手はカリムほど叩かれていない」（2010年10月29日）

この言葉でモウリーニョは得点不足に苦しんでいたカリム・ベンゼマを擁護し、同時に当時絶好調とはいえなかったバルサのダビド・ビジャにプレッシャーをかけた。またクリスティアーノ・ロナウドとリオネル・メッシの間に、次のような相違点を見ている。

「クリスティアーノは一匹狼として育っていて、誰の真似もしないから、他の選手のように擁護されない」（2010年9月1日）

ウイングからストライカーに転身して苦労していたクリスティアーノ・ロナウドは、メッシがよくやるファウルのシミュレーションをしないということらしい。

このようなやり方によって、モウリーニョは選手たちや大衆のみならず、どのチームの関係者からも賞賛を得ることができる。無作法だとかコメントが無愛想すぎるという理由で不信感の的になり、その結果失敗するリスクはあるかもしれない。モウリーニョはそれを承知の上で、彼ならではのやり方でクラブ関係者とその活動を守っているのだ。それは「計算されたエレガンス」と呼んでもいいかもしれない。冷静な計算を通じたエレガンス（シンプルかつ強力な解決策）なのだ。

モウリーニョはエレガントな人物なのか

ジョゼ・モウリーニョが愛好心と恐怖心の両方を呼び起こすように、ある人にとってはモウリーニョがエレガントで、それ以外の人にとっては下品に映ることは我々も同意できる。すでに述べてきたとおり、モウリーニョは「サッカー界のジェームズ・ボンド」だ。それは彼のファッションにも顕著に表れている。モウリーニョはいつでも、ベストドレッサーのリストに挙げられるくらいの高級ブランドで身を固めている。または、マフラーなど強い印象を与える小物をよく用いる。

２０１１年9月27日の『20 minutos』紙に、読者投票によって実現した「レアル・マドリードで最もエレガントな人物」一覧が掲載された。モウリーニョはもちろんトップ10入りしており、1位からシャビ・アロンソ（さまざまなブランドのモデルに起用されている）、イケル・カシージャス、ゴンサロ・イグアイン、クリスティアーノ・ロナウド、リカルド・カカ、カリム・ベンゼマ、ジネディーヌ・ジダン、モウリーニョ、セルヒオ・ラモス、ラウール・アルビオルとなっている。

『Chance』誌の専門家によれば、モウリーニョのルックスは古典的（もっと若いイメージを抱かせるジョゼップ・グアルディオラとは対照的）なのだそうだ。

「モウリーニョは、非常にユニークなキャラクターの持ち主としてよく知られている。彼のスタイリングから判断するに、じっくり時間をかけてアイテムを選んでいるのだろう。彼の服装は、クラシカルでコンサバティブなアイテムが特徴。暗い色調のチェックのスーツを愛用していて、たいていは同系色のシャツを組み合わせている。欠点としては、ジャケットとズボンを組み合わせているのに、その色彩がいつも青からグレー、黒であるところだ。補足すると、このミスター・レアル・マドリードはたいへん保守的な人で、ストライプか無地のネクタイを締めている。ときどきスカーフかマフラーのようなものを巻いているのを見かけるが、それは単なる寒さ対策で、トレンドを追っているわけではない」

レアルでのシーズン2年目、モウリーニョは選手たちの公式スーツに、イタリアのシチリア州エンナ県ヴァルグアルネーラ・カロペーペにあるブランドを選んだ。選ばれた会社は従業員180名、日に約100点を生産し、ピッティ・ウォモ（訳注：世界最大級のメンズプレタポルテの展示会）に何度も出展している。見たところ、選手に着せる服は生地から色までモウリーニョが直接見立てており、レアルの練習場であるシウダー・デル・フットボールにメーカーの責任者を招き、担当デザイナーのサルヴァトーレ・ディ・フランチスカの仕事ぶりを褒め称えた。クリスティアーノ・ロナウドも、「やっとカッコいいスーツができた」と喜んだという。

もちろんそれをよく思わない人もいる。エレガンスについても同様で、ある専門家のコメントによれば、モウリーニョは「あるときはスーツ姿で、あるときはスポーツウェアで、またあるときはラフなコーディネートで」現れる。確かに、やろうと思えばイニシャルの「J・M」を練習用のシャツに付けることも、『Informe Robinson』（訳注：フランスのテレビ局キャナルプリュスのスポーツ番組）での自分の特集にジャージを着て出演することもできる。それはめちゃくちゃだろうか、非常識だろうか。

「モウリーニョは、白髪とポーカーフェイスに似合うグレーのスーツを好む」

「どちらの監督（モウリーニョとグアルディオラ）も、ベルトでズボンを締めるのを好む。どちらもベルトを締めそこねてズボンの裾を引きずってばかりいるような真似はしないが、少なくともグアルディオラのズボンは不釣合いな大きさの金属のバックルを見せびらかすようなことはなく、モウリーニョがズボンを元の位置に直そうとするときのような格好悪さは感じない」（ニュースサイトのextraconfidencial.com「Sleeve」より）

いっぽう、ファッション情報ブログtuestilistaonlineでは、モウリーニョのエレガントさに対する賞賛を（またもやグアルディオラとの比較で）次のように示している。

「モウリーニョはどちらかというとカジュアルな男だ。少し無精ひげが伸びていたり髪が乱れていたりといった、少し崩したスタイルが際立つ。だから、バルササポーター（アンチ・レアルはほとんどそうだろうが）にとって無視できないことがあるとすれば、モウリーニョの髪は多くの男性にとって憧れの的で、髪の毛について言えばグアルディオラより優勢だ」

「スーツを選ぶ際、モウリーニョはいつもグレーの色調のものを着て、そこに暗い色のシャツを合わせる。シャツの襟とネクタイは、彼のためにあつらえたオーダーメードには見えない。モウリーニョさん、もし偶然この記事を読むことがあったら、1つアドバイスをさせてください。あなたの肌と目と髪の色調には、絶対に明るい色のシャツが似合います」

「相も変わらぬ無愛想な表情と不機嫌さが、彼の人格を形成している要素の一部だが、次に述べることは保証できる。もしモウリーニョがそのいたずらっぽい目で私を見て微笑んでくれたら、私はその瞬間、レアルに寝返って彼に夢中になることだろう」

ライターのラウラ・トレグローサはまた次のようにも書いている。

「リチャード・ギアを思わせるあの白髪が、彼を魅力的な中年男に見せている。表情の傾向や尊大な顔立ちは、古代ローマ皇帝を思わせる。灰色がかった切れ長の目、いたずらっぽい目つき、いつも〝世の中に怒っているような〟表情。人々は彼にたまらない魅力を感じている。レアル・マドリードのロッカールームまで彼はその魅力で酔わせ、〝グアポ〟（訳注：ハンサムの意）というあだ名までつけられるに至った。（中略）クラシカルなスタイルとイタリアの影響を受けた、極端に質素な彼のファッションはコンサバすぎる雰囲気を感じさせ、中途半端に結んだネクタイのカジュアルな感じが消されてしまっている。彼のスタイルの特徴を他に挙げると、ブレザーと膝丈のコート、それからトッズ（訳注：セレブ御用達のイタリアのシューズブランド）のマロンチョコレート色のバックスキンの靴だ。この靴はほとんどいつでも履いていて、価格はおよそ350ユーロ。間違いなく、モウリーニョは贅沢好みの魔法使いなのだ」

贅沢好みの魔法使い、カジュアル趣味の役者、そしてエレガントな監督というわけか。

15. ときに挑発せよ！

時代を照らす大きな太陽なら　癒やしてくれるだろうか
愛してくれる人などいらない　愛されたって退屈なだけだ

フェルナンド・ペソア

もし試合が競技場で起こるだけのものなら、サッカーが今のように熱狂的に盛り上がることはないだろう。盛り上がる要因としては主に、フィールドの周りの出来事、つまり観客席や、審判と（たまに議論の的になる）その判定、選手の誰かの振る舞いだ。そのことをジョゼ・モウリーニョは誰よりもよく理解しており、それらを材料に使うことで聞く者を楽しませ、逆に挑発して怒らせたりもした。優れた選手であり監督の息子として、彼は子どもの頃からサッカーと共に生活してきた。教師の息子として、状況を科学的に分析することもできる。何年にもわたりマヌエル・フェルナンデス、ボビー・ロブソン、ルイス・ファン・ハールに師事して、サッカーを盛り上げる諸要素について熟考することができた。そしてヨーロッパの4つのリーグのビッグクラブの監督として、これまで培ったことを応用してきたのだ。

「サッカーは抒情詩に満ちている。しかしその抒情詩が歴史を作ることはない」

ジョゼ・モウリーニョ

レアル・アカデミア刊のスペイン語辞典によれば、「provocar」(挑発する――「声を出させる」という意味のラテン語が語源)には8つの語義があり、その中に次のようなものが挙げられている。

1. 誰かをそそのかして何かをさせること
2. 怒らせるような言葉や行動によって、誰かをいらいらさせたり刺激したりすること
3. 人の気持ちを動かしたりそそのかしたりすること
4. ある物事から、それに対する反応や回答を得ること

他には、胃の不調、便宜を図ること、誰かの気に入ること、性的エクスタシーといった関連

語義がある。

先に挙げた定義はどれも、記者会見での多くの発言やコメントでモウリーニョがよく用いる〝挑発〟に当てはまるかもしれない。レアル・マドリードの監督になってから彼が発したいくつかの挑発的な発言を思い返してみよう。

「なぜだ？　なぜだ？」

「FCバルセロナと戦うことになったら、チームは喜ぶだろう」

「イグアインはすぐには回復しないと医師たちは言っている。ただ、その後現れたどこかの予言者によれば、じきに復帰できるそうだが」

「ペドロ・レオンの噂話をするということは、ジダンやマラドーナの噂話もしていたということだな」

また、セビージャとの試合後には「もし私が観客だったら、こんな試合には1ユーロも払わない。ユーロスポーツでベトナムリーグの試合でも見ていたほうがましだ」とも言い放っている。

これまでに述べてきたとおり、我々が知るモウリーニョの人物像はすべて、入念に準備され、綿密に計画されたものだ。モウリーニョは、自分が何を言っても噂され、批判と賞賛の的になるのを承知の上で、記者会見のときから試合を戦っている。まるで、釣り針を投げて魚がかかるのを根気強く待つ漁師のようだ。彼が挑発を利用する目的はさまざまで、ライバルクラブとの間に揉め事を起こしたり、自分のチームに対する不正行為を糾弾したりするためだけでない。チームのファンや選手を鼓舞するためだ。

その例としてもう1つ、ストライカーのカリム・ベンゼマにかけた言葉がある。

「賢い犬と狩りに行けば獲物は増える。猫と狩りに行けば獲物は減るが、それでも狩りはできる。どんなシステムであれ、大事なのは試合に勝つこと。勇気を持って立ち向かうことであり、涙を流すことではない」

モウリーニョはベンゼマを猫にたとえ、成績をアップする目的でベンゼマに警告すべく、挑発を巧みに利用した。その結果どうなったか。2009〜10シーズンにすでにレアル・マドリードにいたベンゼマの平均得点数は1試合につき0・27点だったのに対し、2010〜11シーズンには0・54点となっている。さらに2011〜12シーズンには0・61点で、リヨン時代の最高記録に並んだ。〝猫〟が、獰猛な〝犬〟に変貌したのだ。

「カリム、どうしたんだ。去年のお前はお前じゃなかった。レアルでプレーしていたのはお前のいとこじゃないのか」

ジョゼ・モウリーニョ（レアル・マドリード就任時のカリム・ベンゼマへの言葉）

厳密に言えば、レアルは熱狂的なサポーターで知られるようなチームではない（普通サポーターとは、いい結果を出すかもとか、いいプレーをするかもとか、応援するチームに対する期待を抱くものだ）。それについてモウリーニョは「ゴールの後ろにいる人たちからものすごい応援を感じた」という言い回しを使った。なぜなら、他のサポーターにもっと応援してくれと訴えたかったからだ。

どんなシチュエーションでも、モウリーニョはサポーターに語りかけるときの言葉の力を計算している。

「他チームのサポーターをうらやむことはまったくない。それは、それぞれのクラブの文化や社会の問題であり、変えようと思って変えられるものではない。私はレアル・マドリードのサポーターが大好きだし、レアル・マドリードに心酔するサポーターのみなが見せてくれる情熱が大好きだ。下位ディビジョンのチームと対戦する国王杯でも、ほぼ満杯になるベルナベウが大好きだ。誰を非難することもない」

「私の仕事は、選手たちのために、勝利への最高の条件を見つけることだ。愛情と忠誠を感じるいっぽう、ときには失敗する選手たちや、試合でうまくいかなくても選手たちを応援し、支えてくれる人々のために。批判するのは私の仕事ではない。そんな振る舞いはできないし、考えたこともない。彼らから年俸をもらっている私が、批判できる立場にあるわけがない」

ジョゼ・モウリーニョ（2012年3月17日）

モウリーニョは〝強い男〟として行動し、ライバルクラブを消耗させるために挑発を利用する。彼の特徴は説得力のある顔つきや、挑戦的でかつ批判的、挑発的な発言にある。拳を握り締め、指を立てたり何かを指差したりしながら、しかめっ面をして怒った目で歯を食いしばっている姿を見るのは毎度のことだ。

だから、他の監督たちはモウリーニョのことを〝生まれつきの挑発者〟と指摘し、「挑発については天才的。3年ひとところにとどまって、問題が起き始めたら去っていく。頭のいいやつだ」と評する。

そういう例はいくらでも見られる。インテルを指揮していた頃にユベントスと戦った試合について、モウリーニョは「ユーベとの試合は見たのかとみんなに訊かれ、『アマウリのゴールまでは見たが、その後は夕食のカラマリ（訳注：イカのこと）が待っていたので見るのをやめた』と答えておいた」と言い放った。ユベントスなどどうでもいいと思っているのを言い表すのに、これ以上分かりやすい表現があるだろうか。チェルシーを指揮していた頃（自らを〝スペシャル・ワン〟と称する少し前）には、プレミアリーグの他の監督についてこう言っている。

「ベンゲルもファーガソンもベニテスも、私ほど〝スペシャル〟にはならないだろう」

モウリーニョにとって、情報は必要不可欠だ。先日、ジャーナリストのエレオノラ・ヒオビオが次のように書いていた。

「モウリーニョは5つの言語で完璧にコミュニケーションできる。ポルトガル語、フランス語、イタリア語、カスティーリャ語（標準スペイン語）、英語だ。しかし、質問を受けるときに彼は質問する人の顔を絶対に見ない。いっぽう彼の頭の中では、質問した人に関するすべての情報が蓄積されている。そうやってすべての物事をコントロールするのだ。毎朝新聞から情報を仕入れる。新聞に書かれていることのみならず、ラジオの発言やテレビで流れた映像も彼はすべて知っている。そして何か気に入らないことがあると、不満や騒動、怒りのメッセージを発するというわけだ。多くの場合、モウリーニョの発言は個人的な広報係であるエラディオ・パラメスを通じて伝わる。パラメスは頻繁にツイッターを利用しており、モウリーニョを批判しようとする者が社会の信用を失うように仕向ける。ヨハン・クライフのような大御所から記者、他のチームの監督、マスコミに至るまでだ。ときには、レアル・マドリードの広報担当者を通じて不満が発信されることもある。ただしモウリーニョは、常にそのメッセージが伝わるかどうかを意識している。言いっ放しということは絶対にない」

挑発、挑発、また挑発。モウリーニョは、敵の心理状態をうまく利用する、頭のいい監督だ。慢心を指摘すると共に挑発することで選手たちに注意を促し、いっぽうでシーズン中に訪れる重大な局面や決定的瞬間には、挑発の矛先を相手チームに向けることで選手のプレッシャーを解き放ちつつ、自分自身にプレッシャーの方向を向けようとする（有名な「避雷針効果」）。

他の有名な監督と違い、モウリーニョは記録に残る名試合のビデオやゴールシーン集などを選手に見せてモチベーションを上げるやり方を好まない。その代わりに、彼自身の言葉が選手の熟考を促すと信じて切々と語りかける。それによって選手たちは、自分たちはサッカーの世界に身を捧げ、その歴史に名を残すチャンスに恵まれていると理解する。言い換えると、モウリーニョは自分のことを、選手やサポーター、経営陣、テクニカルチームが一丸で同じ方向に舵を取るきっかけとなる存在だと見なしている。そのことが勝利への鍵だと考えているのだ。

「我々はみな同じくらい重要な存在だ。1人1人が使命を持って、全力を尽くしていい結果を出さなくてはいけない。みな平等なのだ」

ジョゼ・モウリーニョ

「空を打ちて音を聴け」

禅の格言

16. ライバルの活用法

腐敗した政治の驚嘆すべき華やかさよ
財政と外交における快い醜聞よ
路上における政治的攻撃よ
そして時たま姿を見せて
日常の文明の見慣れた明るい空を
「驚嘆」と「ラッパの音」で照らす国王殺害の彗星よ

フェルナンド・ペソア（1914〜1935年、アルヴァロ・デ・カンポス名義「勝利のオード」より／『ポルトガルの海―フェルナンド・ペソア詩選』〈池上岑夫・編訳、彩流社刊〉に収録）

これまで、ジョゼ・モウリーニョとジョゼップ・グアルディオラを比較した数々の本は、ライバル関係にあるこの2人がサッカーの歴史を動かし、進化していくに違いないと述べてきた。

敵がいることは、より上を目指すための活力になる。敵がいることで自らが属する集団への帰属意識を自覚し、アイデンティティーとモチベーションを手にできるのだ。だからモウリーニョからすれば、敵の存在によってモチベーションが次々湧き出す泉が作られているのかもしれない。

ポルトガルでもイングランドでもイタリアでもスペインでも、〝敵〟に対するアピールは彼のずっと変わらない特徴の1つだった。アイデンティティーをさらに強くするため、強大なライバルの前でも大見得を切る。

たとえば、インテル2年目のある記者会見で、インテルとイタリアは楽しいかと尋ねられたモウリーニョはこう答えた。

「誰にも2012年までインテルと契約せよと強制されていない。私がイタリアにいるのは、ここで幸せだからだ」

そしてこう付け加えた。

「イタリアには私の好きなものがたくさんあって、ここ数日もそのうちの1つが聞こえてきている。それは敵が起こす騒音だ。(中略)私がちょっとでも何か意見を言うと、すぐに敵からのブーイングが飛んでくるのが聞こえる。私は敵がいるのが好きなのだ。なぜなら、いかに困難なことが起きようが、敵のことを考えるとシーズンをスタートさせるモチベーションが高まるからだ」

イタリアサッカー界において、モウリーニョは自分のことを、同じ街のもう1つの強豪クラブ、すなわちACミランの前に立ち向かう〝ロビン・フッド〟だと考えていた。言うまでもなくACミランのオーナーは、国会議員の3分の1を召使いのように支配していたシルヴィオ・ベルルスコーニ元首相だ。

「私はジョゼ・モウリーニョが大好きだ」

シルヴィオ・ベルルスコーニ（元イタリア首相でACミランのオーナー）

「モウリーニョは優れた人物だが、もうちょっと教育を受けたほうがいい」

マリオ・バロテッリ（元インテル、現マンチェスター・シティ）

「敵がいないのは、運に見放されている証だ」

トーマス・フラー（1606〜1661／イギリスの歴史家）

「敵は慎重に選ばなくてはならない。なぜなら、最終的には自分も敵に似てくるからだ」

ホルヘ・ルイス・ボルヘス（1899〜1986／アルゼンチンの作家）

究極の敵――バルサの挑発者、ヨハン・クライフ

ジョゼ・モウリーニョの〝宿敵〟の1人はヨハン・クライフだ。ずっと昔、モウリーニョがヨーロッパで名を上げようとしていた頃からだ。FCバルセロナ時代から、クライフは口が達者な人物だった。しかもモウリーニョと同様に議論好きなので、クライフに関するニュースには事欠かない。「クライフに教わることがあれば光栄だ。チャンピオンズリーグの決勝で0－4で負ける方法についてはまだ教えてもらっていないが、今のところそれには興味はない」とモウリーニョはクライフについて語っている。

2011年の国王杯を制した後、クライフが「タイトルを獲れる監督だが、サッカーの監督ではない」とモウリーニョを批判したことについて、モウリーニョは次のように答えている。

「タイトルを獲れる監督だが、サッカーの監督ではないと誰かに言われるのは初めてだ。いいだろう、タイトルを獲る監督、気に入った」

クライフには次のシーズンが始まる前に、どうしてもやっておかなければいけないことがあった。そしてシーズン開始時、ホルヘ・バルダーノが去った後のレアル・マドリードの姿について次のように言及した。

「最悪なのは、バルサ会長のサンドロ・ロセルがモウリーニョのほうを気に入っていたことだ。モウリーニョに決まってしまっていたら状況はまったく違っていたかもしれないが、それにつ

いてはもう済んだことだ。バルサの監督にはグアルディオラが適任だと思ったからそのときは忠告したがね」

そして、こう付け加えた。

「モウリーニョが他人を攻撃するのは無能さや横暴さの表れだ。注意を逸らすためだとか、話題を変えさせるためとか言う人がいるが、私はそうは思わない」

クライフはモウリーニョの行動が「自分の名声やイメージだけでなく、選手たちにも悪影響を与える」「選手たちは窮地に立たされ、路頭に迷うに違いない」と見ている。その上で、グアルディオラをあえてもう一度賞賛してみせた。

「私の名声を保ってくれる人物に嫉妬するわけがないじゃないか。タイトルはあればあるほどいい。バルサの偉業が人々の口に上るたび、私の名前も出てくるのだから。ペップのおかげで私ももっと有名になれる」

モウリーニョがクラブワールドカップを「2つのちっぽけな試合」と呼んだとき（2011年12月）、クライフはこう答えた。

「まず、クラブワールドカップに進出しなくてはいけない。そして、チャンピオンズリーグで優勝しなくてはいけない。そうでなければプレーする資格はない」

「バルサは今回の結果に満足しているはずだ。何よりも、今回実現できた世界中を喜ばせるサッカーに」

２０１１年12月30日、クライフは次のように発言した。

「バルサにとって、レアル・マドリードの監督交代は好ましいことではない。なぜなら、やっとモウリーニョの実力を測れたところなのに、またイチから戦略を練り直さなくてはならないからだ」

ライバル関係は、好影響をたくさん及ぼすのだ。

他の監督たち――ベンゲル、アンチェロッティ、ラニエリ、ベニテス

ジョゼ・モウリーニョがＦＣバルセロナでボビー・ロブソンのアシスタントコーチを務めていた頃、当時アスレティック・ビルバオの監督だったルイス・フェルナンデスと口論したことがある。そのときフェルナンデスはこう吐き捨てた。

「私は大人としか話をしない。行儀の悪い子どもはごめんだ」

モウリーニョがチェルシーの監督だった頃、アーセナルのアーセン・ベンゲル監督が、「さすがのモウリーニョもチェルシーは手に余るのではないか」とコメントしたことがある（訳注：２００５年10月26日のイングランド・リーグカップで、チェルシーがチャールトンに敗れたことについて）。そのときモウリーニョはすぐさまこう反論した。

「（ベンゲルは）いわゆる覗き魔タイプの人間じゃないだろうか。たまにいるじゃないか、人のことをいろいろ詮索したがるやつが。家にいても、大きな望遠鏡で隣近所が何をしているかチェックしているような。いつもチェルシー、チェルシー。もういい加減うんざりだ。アーセ

ナルの動向など、私たちにとってはどうでもいい」

それに対してベンゲルはこう反論している。

「モウリーニョはもう手のつけようがない。現実離れしていて、誰からも尊敬されていない」

2010年11月27日、シャビ・アロンソとセルヒオ・ラモスがわざとイエローカードをもらい、チャンピオンズリーグのベスト16に〝クリーン〟な状態で出ようとした。そのことをベンゲルが批判すると、モウリーニョはこう反論した。

「レアル・マドリードについてどうこう言う前に、セニョール・ベンゲルはアーセナルのことを心配して、チャンピオンズリーグに初出場したチーム（スポルティング・ブラガ）に負けた理由を説明すべきだ」

インテルの監督だった頃、当時ACミランの監督だったカルロ・アンチェロッティについて、モウリーニョは一刀両断している。

「チャンピオンズリーグを制覇したクラブと監督はたくさんいて、中には2連覇したクラブや監督もいる。しかしあるゲームで3－0でリードしておきながら、決勝で負けたチームを率いた監督は1人しかいない」

ラファエル・ベニテスとモウリーニョはそれぞれリバプールとチェルシーを率いていたときにプレミアリーグを制したことがある。ベニテスは、レアルの監督に就任したモウリーニョの後任として、インテルの監督の座を継いだ。クラブワールドカップを制覇した後、ベニテスは選手たちのフィジカル面について次のように嘆いている。「この2年間、チームはモウリーニョに騙されてジムでのトレーニング計画に従ってこなかった。その結果がこのザマだ」

これに対してモウリーニョはこう反論した。

「私がプレゼントしたタイトルに感謝してくれると思っていたのに。とにかく彼はインテルのサポーターと話し合って、モウリーニョとは何者か、自分が何者かを解説しなくてはいけない。だが私自身は、ハードな練習を共に楽しんできた選手たちに満足し、彼らを誇りに思っている。そしてレアル・マドリードを指揮している今も、まったく同じように感じている」

インテル、ローマ、ユベントス、パルマ、バレンシア、チェルシー（モウリーニョがかつて率いたクラブだ）、アトレティコ・マドリードの監督を歴任したクラウディオ・ラニエリと、モウリーニョは何度もいさかいを起こしている。たとえば、ラニエリが選手たちを鼓舞するために映画『グラディエーター』を見せるのを習慣にしていたことについて、あるときモウリーニョはこうコメントした。

「もしどこかのチームで私が『グラディエーター』を選手たちに見せたら、みな大笑いして、頭がおかしくなったんじゃないかと医者を呼ぶことだろう」

またラニエリについてはこんな言い回しもしている。

「私は数ヶ月間にわたり、選手やマスコミ、サポーターとコミュニケーションをとれるように、イタリア語を1日に5時間勉強した。ラニエリはイングランドに5年もいたのに、いまだに

〝おはよう〟と〝こんにちは〟を言うだけでも一苦労だ」

「ラニエリはスーパーカップを制したが、あれはマイナーな大会だ。重要な大会では1つも勝っていない。考え方を変えたほうがいいのかも知れないが、それには少々年を取りすぎている」

モウリーニョがレアルへ移ったことで、ラニエリはこう言って舌戦を終わらせた。

「セリエAは主人公の1人を失った。彼が私を攻撃した理由は私が指揮したローマが怖かったからで、結局は私がその相手をすることになったのだ」

モウリーニョを嫌う一部のレアルサポーター

さまざまなコメントの中でも有名なのが、ジョゼ・モウリーニョがFCポルト、チェルシー、インテルを率いていたときにホルヘ・バルダーノが口にした数々の言葉だ。

「勝利に飢え、すべてを支配下に置くことを好む」

「モウリーニョの悪人気取りは嫌いではないが、何の企みもなしにあれをやっているようには見えない」

「美男子、勝ち組、挑発者という特徴を併せ持った男のイメージ」

「自分の言葉の意味をよく分かっていないカリスマ」

「彼の経歴は作り話だ。落ちぶれた通訳から恐るべき戦略家だなんて」

「プレーの才能のなかった者が、選手の才能を信じきることなどできない」

レアル・マドリードの監督として契約したとき、モウリーニョはチームのゼネラルディレクターだったバルダーノのコメントを許さなかった。2人の関係は最初から悪く、結局は予想された最悪の結末を迎える。目的の完遂のために、バルダーノの存在はあまり重要でないとモウリーニョは考えていたため、2人の亀裂はどんどん深まった。一歩も引かないモウリーニョの行動はクラブの外でもあからさまになり、ついにはクラブ会長との対立にまで発展する（だがモウリーニョに対する周囲からの支持率の高さをえると、決断は明らかだった）。レアルのクラブ広報は次のように発表した。

「今シーズン、クラブは新しい計画をスタートし、ジョゼ・モウリーニョにすべてを任せることにしました。モウリーニョが全権委任が必要だと表明したため、ゼネラルディレクターに大きな権力が集中したことに帰因する混乱を避けたいと我々は考えます。そのため、ゼネラルディレクター職を廃止し、ホセ・アンヘル・サンチェスが担当する統括部門に組み込むことにしました。今後、監督はサンチェスの配下となり、クラブとホルヘ・バルダーノとの間の契約関係は解消されることに至りました」

レアルのサポーターの中にも、モウリーニョを嫌う者はいる。中でも際立っているのが、スペイン王立言語アカデミーの学士院会員で作家のハビエル・マリアスだ。マリアスはモウリーニョを、「絶対的な権力を持ち、どこにでも首を突っ込む、腹黒い監督。いつでも不平を言って他人を非難し、独裁的で、他人の名誉を汚し、厄介事を起こす。発言は眠気を誘うし、知性のかけらもなく、勝ち方も負け方も悪い。そしてディ・ステファノが指摘するように、バルサが〝ライオンのように〟プレーするいっぽう、レアル・マドリードは〝ネズミのように〟プレーさせられている」(2011年5月15日)

2010年10月17日(モウリーニョのレアルでのシーズン1年目の初日)、そのハビエル・マリアスは「すべてが汚される悲しみ」という題名の記事で次のように書いた。

「ジョゼ・モウリーニョは私が支持しない監督の典型であり、考えうる限り最もレアル・マドリードのためにならない監督である。私は最近の活動で、彼のチームに反対する立場を取った。そのため場合によっては気まずい思いをせざるをえなかったが、まったくそうでないこともあった」

またこうも続けた。

「モウリーニョは選手のモチベーションを大きく上げ、プレッシャーから解放し、選手たちをかばうという名声を引っ下げてやってきた。選手たちに対してものすごく誠実で、責任を一手に引き受け、選手たちに責任を負わせない監督だと評判だった。しかし今のところ、期待外れだと言ってよい。何度か顔を合わせているはずなのに、シャビ・アロンソについて『まだプレーしているところを見ていない』などとうそぶいているし、セルヒオ・ラモスが怠慢だと批判している。ベンゼマの〝知性〟をあてにしているとコメントしたのも、まだその知性に気づいていないことをほのめかすためであり、ペドロ・レオンを過小評価してヘタフェに放出したりもしている。またスポルティング・ヒホンの誠実さを疑い、バルサの功績を貶めた。これ以上事態が悪化したら、選手たちが彼から離れていってもおかしくない。何を見ても何を聞いても、彼の態度はいつも侮蔑的だ。カメラを通して見られていることを心得ているから、いつでも下手な役者ぶる。ベンチに瓶を投げつけられると、彼はベンチの中から飛び出すそぶりではなく、わざとらしいパントマイムをしてみせる。家の鏡の前で練習していたとしても、誰にも分かりっこない。しかし本当に残念だ。彼は疫病神と言っても過言ではない」

最後にこう付け加えた。

「モウリーニョの悲劇は、観客席まですべてを汚す」

2011年半ば頃、ハビエル・マリアスは連載を持っていた『エル・パイス』紙で、モウリーニョ宛てに「祭りのまじない師」という記事を書いた。その冒頭で、マリアスは自分なりのレアルのサポーターの精神を次のように書いている。

「本来、レアル・マドリードは決して不平を言うようなチームではない。たとえ不当にゴールが取り消されたとしても、それはあくまでもアクシデントであり、もう1点入れればいいだけの話だ。ペナルティーの笛を吹かれるか吹かれないか、退場処分が適正か不公平か、また主力選手の負傷についても同じである。レアル・マドリードは10人になっても9人になっても攻め続け、決して負けを認めず、引き分けすらも認めない。特にホームでは」

そしてレアルの歴代の監督像について次のように語っている。

「レアル・マドリードの監督は人それぞれだったが、自分の立場をわきまえており、礼儀正しかった。言い訳を探したり、文句をこぼしたりすることなく、相手チームのほうが優れていて自チームに運がなかったときは素直に負けを認めた。ときには点を取られるリスクを背負ってでも常に勝利を求める。最初から負けることは決して考えない」

その後、レアルの現会長についても次のように攻撃している。

「(フロレンティーノ・ペレスが)抜け目ないビジネスマンなのは間違いないが、少々頭が足りないらしい。モウリーニョのような、自分よりさらに頭の足りない祭りのまじない師に心酔しているからだ。あのような男をみすみす連れてきて、ためらいもなく100年の歴史にそむき、簡単に拭えない汚点をレアルにつけるのは、サッカーとレアルを知らない人間のすることだ」

そしてモウリーニョへの批判は頂点に達する。

「絶対にあってはならないのは、このチームがフィールド内外で恥をさらすことだ。プレーが下手くそでも、ゴールがほとんど入らなくても構わない。カペッロやファンデ・ラモスのようなケチ臭い監督でも、会長が軽犯罪者でも、まだ我慢できる。なぜなら、結局そういう連中はピッチやロッカールームとあまり関わらないからだ」

「私は熱狂的なサッカーファンであり、レアル・マドリードファンだ。だから、これまでずっと応援してきたレアル・マドリードの哲学や価値観に、モウリーニョはそぐわないと思う。彼は、役者と通訳としては優秀だが、本当に知らなくてはいけないのは、ロッカールームでのモウリーニョの姿だ。彼は自分のキャラクターを気に入っていて、マスコミを利用するのもうまい。監督としては価値があるが、人間としては好きではない。彼は選手たちより高い地位にいるのが好きなのだ。それが、彼が自己中心的である何よりの証拠だ」

ダビッド・デマリア（歌手）

「ポルトガルでもイングランドでもイタリアでも周囲と戦ってきたモウリーニョは、まるで〝スモソルのいとこ〟（訳注：ジュースのCMのキャラクター）のようだ。誰にでもまとわりついて、他の人なら絶対言わないようなことをあえて口にする。しかしそれは本当のレアル・マドリードじゃない。多くの人々に拍手喝采で迎えられたにもかかわらず、その後のヒトラーの所業が最悪だったことを思い出すべきだ。ヒトラーもモウリーニョも大きな支持を呼び起こしたものの、彼らを賞賛したのは身内ばかりだ。そのことを取ってみても、彼らの言葉には思慮深さが欠けており、無謀だったことがよく分かる。（中略）結局、レアル・マドリードの実質的な〝会長〟が、ポルトガル人のジョゼ・モウリーニョであるとはっきりしてしまった。地位が下の者が上の者（訳注：バルダーノのこと）を解雇するところなど初めて見た。クラブの全権をモウリーニョに委ねるのは会長の責任放棄であり、そのような愚行をしでかした馬鹿は、会長のフロレンティーノ・ペレスだ」

ラモン・カルデロン（レアル・マドリード元会長／ジョゼ・モウリーニョについてのコメント）

優秀な書き手の〝反対意見〟

2章でも取り上げた作家のジョン・カーリンは、ジョゼ・モウリーニョを「フーリガン監督」と呼んだ。

「サッカーにおける彼の実績はそれほど重要でない。本当に驚くべきことは、レアル・マドリードの監督という大任を引き受けてからわずか2年以内で、スペインで最も物議を醸す人物になったことだ。おそらくフランコ総統の時代以降、これほどまでに反発と熱狂を呼び起こした人物は他にいないだろう」

カーリンは前出の記事で、イングランドではモウリーニョは幸福を感じており、いみじくもモウリーニョ自身がコメントしたように「ロンドンでの問題は飼い犬の事件だけだった」と書いている。カーリンはその出来事を、次のように書いた。

「モウリーニョが警察に留置される事態に陥ったにもかかわらず、この〝事件〟は微笑ましいエピソードとして伝えられた。なぜなら、サッカー界を代表する人物とは異なり、一家の父であるモウリーニョにはちょっとした優しさが隠されているのを示すきっかけになったからだ。

新聞の情報によれば（一連の行動について彼自身もまったく否定しない）、チェルシーのべストプレーヤーに賞を与えるイベントの最中、自宅にいる彼の妻と2人の子どもたちが大騒ぎで電話をかけてきた。聞けば、2人の警官が玄関口に来て、ペットの犬を手放せと要求してきたのだという。犬といってもロットワイラーのような大型犬ではない。小さなヨークシャーテリアだ。もしゃもしゃした毛並みで、人懐っこく、穏やかでいつもどこか驚いたような困ったような表情を浮かべている、年配の女性の間で人気の小型犬だ。

モウリーニョは慌てて自宅へ戻った。警官たちの手から犬を奪い取り、猛抗議すると、不思議なことに犬はその場からいなくなった。モウリーニョが犬を隠したのか、ロンドンの宵闇に逃げ出してしまったのかも分からなかった。分かっているのは、（スコットランドヤードことロンドン警視庁の調べによれば）モウリーニョが逮捕されて警察署へ連行されたことだ。

この問題は、検疫に関するイギリスの複雑な法律、そして飼い主が法律で求められている手続きを経ずに犬を国内へ持ち込んだ疑惑という点から見るべきだ。だが結局このエピソードは、国民の憤りを誘発するどころか、モウリーニョも飼い犬を守る愛犬家であり、家族の絆と幸福を体現する象徴として、（少なくとも、イギリス人とヨークシャーテリアの愛好家に対して）モウリーニョの威光をあらためて示すことになった。スペインにおけるモウリーニョの熱狂的な支持者（イデオロギーや宗派を意味するスペイン語と組み合わせた造語である、〝モウリニスモ〟の信奉者）も、似たような結論を出している」

カーリンは次のような別の解釈も提示している。

「モウリーニョは、あらゆる法律や人間はおろか、神よりも自分が上だと考えるような横暴で粗野な人間だ。サッカー界での成功により、善悪を超えた領域に自分がいると思ってしまったのだろう。いまや、彼は目覚ましい成功ぶりを示している。自分を満足させたいというモチベーションは途切れることがない。そのキャリアは輝かしく、若い頃に選手として大成しなかったことによるフラストレーションを十分に埋め合わせている」

「モウリーニョは、（1000万ユーロの基本年俸を含め）世界中に認められた幸運な人間に上り詰めるための要素をすべて備えている。しかしその生き様は非常に複雑で、もしかするとジキルとハイドのような二重人格の持ち主なのかもしれない。家庭で家族や飼い犬と一緒にいるときは、誰がどう見ても彼は面白くて優しい人間である。しかし公に見せる顔はいつも怒りっぽく、そこらじゅうに敵がいると腹を立てている。敵は確かに存在するから、パラノイアではない。しかしむやみに敵が多いのは、自分から率先して敵を探したからだ。彼の発言や身振り手振りは、大衆の大部分に反感を呼び起こすため、あらかじめ体系づけられたものではないかと思わせる。いっぽう、彼の支持者は、他の人々との間に対立を生んだことを理由に彼を持ち上げる。彼の支持者もそうでない者もいるが、支持する者は100パーセント確実にレアル・マドリードのサポーターである」

カーリンはこのことをどのように説明しているのか。

「最も重要なのが、FCバルセロナとのライバル関係にレアルのサポーターが恐ろしいほど優先順位を置いていることだ。レアルがモウリーニョと契約した理由は、何よりもチャンピオンであるバルサを王座から引きずり下ろすためだったのに、先週のトピックス（訳注：2012年1月18日の国王杯の準決勝と思われる）といえば（それがまた前代未聞の怒りを呼ぶことになるが）、またもやバルサの勝利だった（モウリーニョの就任以降の11度目の対戦。それまでの10戦でレアルはわずか1勝）。言ってみればいつもどおりのことだったが、サポーターの怒りに火をつけたのはその負け方だった。まさに、満杯のコップに垂らされた一滴の水のようなものだった。これにより、モウリーニョの采配やプレースタイル、人となりについて、大勢のレアルサポーターが長い間抱いていた疑念がやっと明らかになった。その結果、図らずもアンチ・モウリーニョ主義者と、チームへの忠誠とチームを傷つけたくないという思いからモウリーニョを支持する人たちとの間に和解が成立したのである。前週までに怒りの〝しずく〟が溜まりに溜まっていたが、クラブの特徴であってほしいと願う〝上品さ〟にこだわるレアルサポーターは、その怒りを我慢するしかなかった。問題の根源は、モウリーニョが就任して最初のクラシコで0－5で負けたことにさかのぼると思われる。そこから、モウリーニョの〝ハイド氏〟的な側面があらわになってきたのだ」

カーリンの怒りは収まらない。

「気難しい思春期の若者や独裁者にありがちだが、モウリーニョが公に見せる人格（もう一度書くが、家族や親友に見せる顔がどうかは関係ない）には、感情面での知性が欠けているように思われる。我々はついつい他人を侮辱することによって、自分の不安定さや虚栄心をさらけ出してしまうケースがある。普通はそのことを思い出すと、思わず赤面し、もう二度とそんな振る舞いはしないと自戒するものだ。モウリーニョもたびたび馬鹿げたことをしたり、恥ずかしい目に遭ったりすることがある。だがそれを後悔する様子は見られない。あるいは、少なくとも表面上は気づいていないふりをしている。自分の行動を正す必要性を感じていないし、それを叱る父親代わりの存在もいない（むしろ甘やかされた若者だ）から、同じ行動を繰り返す。

モウリーニョは名声と成功に溺れている。その事実から目を逸らそうとしたのは、スペイン中でもレアル・マドリードのサポーターだけだ（モウリーニョのことを迷惑だとずっと感じていた人もいるから、すべてではないが）。監督に対する判断を保留しようと思っていた多くの人々も、今となってはそういうわけにはいかなくなっている。以前のような対立はもう起きない。今日存在するのはむしろ、すでに生み出された絶縁状態だ。ただし、注目すべき例外が1つある。レアルサポーターの過激派集団だ。秩序を乱すことが大好きで、誰かが他の人々から野次られればその人物の名前を合唱する。そして彼らの政治的な指向は（奇妙な偶然だが）ファシズム寄りであることがよく知られている」

映画評論家のカルロス・ボジェロも、モウリーニョに反発する者の1人だ。

「モウリーニョは非常に危険な人物だ。人間の最も悪い面を引き出す術を知っている。本来サッカーは人間が行うスポーツのはずであって、獣がするものではない。あのポルトガルのナチがやっているのは獣のスポーツだ」

ラウールの伝記映画を作りたいと熱望する映画監督のダニエル・サンチェス・アレバロ（『蒼ざめた官能』『デブたち』『マルティナの住む街』で知られる）は、ジョゼップ・グアルディオラにはデクスター（アメリカのテレビドラマ『デクスター　警察官は殺人鬼』の主人公であるシリアルキラー）的な役を、モウリーニョには『バットマン』シリーズのジョーカー的な役をあてがいたいと語っている。

最大の脅威、熱狂的なバルセロナサポーター

「フィーゴは何も言わずにFCバルセロナへ行くだろう。いまや彼にとっての最大の脅威は私だからだ」

ジョゼ・モウリーニョ

「カスティーリャ語（訳注：マドリードなどで使われる標準スペイン語）で話してもらえないか？」

ジョゼ・モウリーニョ（2011年10月3日、エスパニョールとの試合後の記者会見においてカタルーニャ語で質問した記者に対する言葉）

FCバルセロナのサポーターの中には、アンチ・モウリーニョ主義を標榜する者が大勢いる。テレビ番組の司会やラジオのパーソナリティを務めるハビエル・サルダは2011年3月1日、カタルーニャ・ラジオの取材に対し「モウリーニョはへんてこりんな馬鹿野郎の役を演じている」と断じた。テレビ局のラ・セスタや『プブリコ』紙などを経営するジャウマ・ロウレスは、ジョゼ・モウリーニョについて「よい結果を出せないことの言い訳をしているが、とんだお笑い草だ。彼はただの行儀の悪い男だ」と切って捨てた。みなモウリーニョのことを「行儀が悪い」とか「無作法」とか「無礼」とか形容するが、そういう者ほど、モウリーニョの悪口を言おうとして、かえって自分の信用を失墜させてしまう。たとえて言えば、火事を消そうとして他のところに火をつけてしまうようなものだ。

そしてもちろん、ジョゼップ・グアルディオラも

2010年5月、レアル・マドリード会長のフロレンティーノ・ペレスが、ジョゼ・モウリーニョと契約を交わした最大の目的が、ジョゼップ・グアルディオラ就任後のFCバルセロナによる（レアルにとって）屈辱的な支配に終止符を打つためだったのは疑いようがない。グアルディオラ体制1年目のシーズンのバルサは、7つの大会でタイトルを獲得した（スタンフォードブリッジでは、フース・ヒディンクが指揮するチェルシーから記憶に残るゴールを奪っている）。しかし2年目にはモウリーニョ率いるインテルにチャンピオンズリーグ準決勝で敗れ、

優勝を逃した（結局インテルが、サンチャゴ・ベルナベウでチャンピオンズリーグを制覇）。2010年のモウリーニョは、前年にグアルディオラが達成した3冠（リーグ戦、国王杯、チャンピオンズリーグ）を獲得している。両者の激突はほぼ避けられない状態だった。

「それはカタルーニャ語で何と言うんだ？」

2006年2月23日、バルサがチェルシーに2－1で勝ち、リオネル・メッシにタックルしたという理由でアシエル・デル・オルノに退場処分が下された後、モウリーニョはあえてこう尋ねた。そしてさらにこう言った。

「バルセロナは重要な劇場がたくさんある文化的な町だ。中にはひどい劇場もあるがね。メッシにはコメディーの演じ方をしっかり教わったよ」

またフランク・ライカールト率いるバルサがクラブ史上2度目のチャンピオンズリーグを制する前には、こんなことを言っている。

「バルセロナには大きなクラブがあるが、100年も歴史があるのにチャンピオンズリーグでは1回しか優勝したことがない。私が監督になったのはまだ数年前だが、それでもバルサと同じ回数優勝している」

5章でも触れたが、2009～10シーズンのチャンピオンズリーグ準決勝、カンプ・ノウで当時インテルの監督だったモウリーニョはグアルディオラにこう言った。

「試合はまだ終わっていない」

最終的にはモウリーニョの望みが叶うことになる。そして2009年4月28日にグアルディオラのチームが敗退した後、モウリーニョはさらに火に油を注ぐような言葉を口にした。

「この憎悪を愛情に変えられると考えるほど、私は馬鹿ではない。FCバルセロナのことはとても尊敬している。アシスタントコーチとして4年間を過ごさせてもらった恩は決して忘れないが、自分の周りの環境も整った今、もはやバルサ好きになるのは不可能だと思う。私がこのキャリアを終えるまで、バルサの監督になることは絶対にない」

そして「常勝クラブは負け方を知らない。確かに私はひどい負け方をしたが、私としては何も問題はないし、間違いなく来年もバルサとは対戦することになるだろう」と締めくくっている。

2010～11シーズンにグアルディオラ率いるバルサと何回対戦することになるのか、モウリーニョには想像できていなかった。レアルの新監督としての就任会見で、当然のことながらモウリーニョはバルサについてこう述べた。

「別に私はアンチ・バルサではない。レアル・マドリードの監督であり、バルサのことなど気にしていないだけだ」

そう言いつつ、「インテルではチャンピオンズリーグの準決勝でバルサに勝って、ベルナベウでタイトルを獲るという夢は叶えたが」と傷口をえぐるような発言もしている。

シーズン最初のクラシコは５－０でバルサの勝ち。モウリーニョは結果を真摯に受け止め、先にも述べたように冷静にこうコメントした。

「片方のチームが最大限のパフォーマンスを出して戦い、もう片方のチームの戦いがまずかった。簡単にいえばそれだけの試合だ」

リーグ戦での2度目のホーム戦は１－１の引き分け。ラウール・アルビオルを退場で欠いたレアル・マドリードは10人で戦った。この日のモウリーニョは思いがけない言葉を口にしている。

「バルサは、ボールポゼッションにかけては世界最高のチームだ。だが11人対11人だったらきつかっただろう。11人対10人だったからやりたいことができただけだ」

２０１１年4月27日、ベルナベウで行われたチャンピオンズリーグ準決勝のアウェー戦で、グアルディオラは物腰丁寧なイメージを崩し、モウリーニョを激しく攻撃してみなを驚かせた。

「彼に名指しで非難されたそうだから、私も反論させてもらう。明日の20時45分、ピッチで私たちは対戦するが、ピッチ外ではどうも彼のほうが勝っているようだ。それなら彼には、ピッチ外のチャンピオンズリーグ特別賞を差し上げよう。それを家に持ち帰って楽しめばいい」

「この場においては、彼は不愉快なボスであり不愉快な監督だ。一瞬たりともそういう相手と戦いたくない。4年間、一緒に仕事したことはもちろん憶えている。彼は私を知っているし、私も彼を知っている。レアル会長のフロレンティーノ・ペレスや、ペレスの言葉に踊らされたマスコミの記事を彼が信じるのなら別に構わない。しかしどちらにせよ、私は4年間彼と一緒に働いた」

「ピッチの中では、彼と戦ったりテレビで彼のことを見たりして、たくさんのことを学ぼうとしている。だがピッチ外で学びたいことはほとんどない。プレーの方法はたくさんあって、彼が用いる戦術はとても有効だ」

「私としては全力で戦うだけであり、サッカー以外では関わりたくない。彼は非常に優秀な人間だ。ピッチの中でも外でも、すべてを支配する。だからこそ、そこに入り込みたくないのだ。なぜなら、私も1つのクラブを代表する存在だからだ。もしレアル・マドリードに負けたら、それは向こうのほうが優れているからであり、バルサがリーグ戦を制することがあれば、それはバルサのほうが優れているからだ」

「確実なのは、バルサが11人で戦い（中略）、レアル・マドリードは10人で試合を終えるということだ」

対戦後、モウリーニョはこうコメントした。

「グアルディオラはすばらしい監督だ。スタンフォードブリッジで4回もペナルティーの笛を吹かれなかったスキャンダル（訳注：2008〜09シーズンのUEFAチャンピオンズリーグ準決勝、チェルシーとの第2レグでの出来事）のおかげで、チャンピオンズリーグで優勝できたのだから。今度もバルサが優勝したら、〝ベルナベウのスキャンダル〟と呼ばれることだろう。まあ、私があんな勝ち方をしても恥ずかしいだけだが。チャンピオンズリーグを制するなら、文句のつけようのない輝かしい勝利をあげたいものだ」

「なぜ準決勝で毎回のように同じ誤審が起こるのだろうか。私には理解しがたい。チェルシーも誤審のせいで決勝に行けなかった。そして今度はレアル・マドリードだ」

「一体（バルサの）あの力はどこから来るのか。純粋なサッカーの力で競い合うべきだと思うが、どうも私には、あの勝ち方は違うような気がしてならない。チェルシーのサポーターの落胆ぶりを私は知っているし、インテルが去年優勝できたのは奇跡だったと思う」

「ユニフォームにユニセフのロゴが入っているからなのか、ビジャール（訳注：スペインサッカー協会会長のアンヘル・マリア・ビジャールのこと）の権力がＵＥＦＡにも及んでいるからなのか、単に気に入られているからなのか、私には分からない。とにかく、すばらしいサッカーチームを持っていることについては祝福しよう。バルサが持っている権力にも」

そして「そういえばドログバはチャンピオンズリーグの準決勝の後に処分された。ボシングワもだ。モッタは決勝でプレーできなかったし、ベンゲルもナスリも準々決勝で対戦した後に処分されている。今は私も処分されているから、ここ（記者会見場）にいる必要もないが」とも糾弾している。

この日はモウリーニョの計画が失敗に終わった。

「ロースコアで競り合って、相手が苛立ってきたら攻撃にかかるつもりだった。65分を過ぎたらラス（・ディアラ）に代えてカカを投入し、FW3人の後ろでプレーさせようと思っていたのに、退場のせいで何もできなかった」

そして敗退したことについてもこう述べている。

「レアル・マドリードはすでにチャンピオンズリーグから脱落した。次の試合には、あらゆるプライドとサッカー界へのあらゆる敬意をもって臨む。退場になるようなプレーは何もしていないペペとラモス、そして監督の私を欠いているが。もしレアル・マドリードがゴールを入れて決勝進出への道を切り開いたところで、また取り消されるのだろう。レアル・マドリードが勝てる可能性はゼロだ」

そして次のように締めくくった。

「たまにサッカー界に腹が立ってしかたないときがある。私にとってサッカーはドラマでも何でもない。さて、そろそろ家に帰ろうと思う。大事なのは、私には帰りを待っている家族がいることだ。だから、〝なぜ〟という質問には答えられない」

それからほぼ1年後の2012年3月9日、モウリーニョとグアルディオラの間にまたもやトラブルが勃発した。今度は公正さに欠けたように見える審判に対してバルササポーターが「ブーイングしなかった」（訳注：原文ママ）のが原因だ。モウリーニョはこの〝黙殺〟に抗議した。

「たくさんペナルティーを食らったし、あちらでは何度も試合をしてきたし、たくさん罰金も払ったから、あまり文句は言わない。私のイメージも変わってしまって、本当の私とは似ても似つかない。正気を失わないよう、できるだけおとなしくしていよう。私は完璧な人間ではないので、思わず腹が立つときもある。世の中には私よりも賢い人間がいる。私と違うイメージで売ろうとしているようだが、結局はそういう連中も私と同じなのだ」

案の定、グアルディオラもすぐさま彼なりのやり方で反論した。

「モウリーニョは結局、人が思っている以上に私たちが似ていると言いたいのだろう。確かに私たちは、勝ちたいと思っている点では似ている。しかし、他の面でも彼と同じようなことを私がしてきたというなら、立ち居振る舞いを考え直さないといけない」

さらにグアルディオラはこう主張した。

「私は、彼のレベルに到達したいと考えたことは1度もない。最近はいろいろな画像や言葉でそんなふうに言われているようだがね。勝ちたいのはどちらも一緒だ。しかし、人格はまったく違う」

「バルサに対する印象を悪くするつもりはないし、私のせいでチームのみなが恥をかくような真似はできるだけ避けたいと思っている」

「もしかするとペップは、自分のところの選手がニュースになれば、私のことなど口にしなくても済むかもしれない」

ジョゼ・モウリーニョ

強力な「敵」（クライフ、グアルディオラ、前述したベンゲル、ベニテス、ラニエリ）と、偉大な友人（マラドーナ、ファーガソン、プレシアード）。それがサッカーであり、人生もまた同じだ。人物の価値はその人の敵の価値をすべて合わせたもので決められると考える者もいる。

「氷が割れるまでは、誰が自分の友か敵かは分からないものだ」

イヌイットのことわざ

「憎しみは、それ自体が敗北です。人生において敵をすべて打ち負かすことは無理なことです。何よりもまず、それらの人々を自分の敵に変えてしまった憎しみを打ち負かすほうが賢明です」

ダライ・ラマ（チベット仏教の最高指導者）

STEP3

結論。モウリーニョの8つの教え

1. 内なるモチベーション

——自分のモチベーションを上げられるのは自分だけ

ジョゼ・モウリーニョのように才能ある人物は、モチベーションは外からもたらされるものでないとよく知っている。誰も他人のモチベーションを上げることはできない。アメと鞭、褒美と罰のように外からモチベーションを与えたところで、それは所詮ありきたりで退屈なものでしかない。大事なのは自分で自分のモチベーションを上げること。そのためには才能と意欲から自分の価値を見出すことが必要だ。

では、モウリーニョのように才能ある指導者は、どのようにして自分の内側からモチベーションを高めているのか。その鍵は次のようなものだ。

- 基本的には、自立した行動をする（自分の運命を支配する）こと。
- 何かをとことん究めること（評価されない才能は価値が下がる）

●目標を追求すること（そのため「なぜ」と自問自答することが重要となる）

さらに、自由、尊厳、幸福。人脈を広げて成長し、一所懸命に打ち込むこと。それらが、価値や天性（楽しむこと）、意志の訓練の中から、モチベーションを見出すための重要なカードなのだ。

「私はモチベーションという言葉が大嫌いだ。それは、人に〝モチベート（やる気を起こさせる）〟という概念が、非常に不合理で傲慢だからだ。あなたを〝モチベート〟できるのはあなただけだ。上司として、また指導者として私ができるのは、優れた能力はモチベーションの賜物だと示すことだけだ」

トム・ピーターズ〈企業経営の指導者、著書『エクセレントな仕事人になれ！』〈阪急コミュニケーションズ刊〉より）

モウリーニョのように自分のモチベーションを上げるためには、「最も強く自分を刺激するものは何か？」と自問するといい。そして、その問いに対して行動で答えるのだ。その刺激が、人間としてプロとして成長するため、自分自身を信じるため、本当に幸せになるための指針となる。

2. 結果を出すための方向付け——エネルギーを結集させる

ジョゼ・モウリーニョのように高い目標を達成するには、こうなりたいと願う未来に自分自身を投影させる必要がある。人を衝き動かすのは、何らかの形で「自分が望む未来へ到達する」ように自ら選んだ高い目標や勇気、展望だからだ。

だが、我々は往々にして挑戦することや目標を設定することを避けがちだ。だからどうしてもフラストレーションを感じる。他人が自分と同じ目標にチャレンジして結果を出しているのに、自分にできないと不安を抱いたりする。しかし高い目標、ときには野望といったものを現実的にとらえ、自分のスキルが高まるくらいに心動かされて初めて、我々は自分にふさわしい人生を生きることができるのだ。

「命を懸けてもいいと思えるものをまだ見つけていない人は、生きているとはいえない」

マーティン・ルーサー・キング・ジュニア（1929〜1968／公民権運動の指導者）

モウリーニョになりきって、「自分はどのような目標を定めたか？」と自問してみよう。すなわち漠然とした目標を、測定・達成・挑戦が可能な具体的かつ短期的な目的に置き換えるのだ。次に、それを達成するための障害は何か、どこから支援を受けられるかを予想してみる。そして、目的達成のための〝日程表〟をできるだけ詳細に決めよう。そうすれば結果はおのずとついてくる。行き当たりばったりではだめなのだ。

3. 基準を定める——引き出しは常に満杯に

〝ローン・レンジャー〟（一匹狼）であり続けることなど絵空事にすぎない。人が属するグループによいものと悪いものがあるのと同様、我々人間にも善人と悪人がいる。そしてたいていの場合、ただ単に人が集まればシナジー（個人それぞれを合わせたよりもよい結果が出ること相乗効果）が生じるとは限らず、それだけでは成功を収められない。高い収益を生み出す人々の集団が出現し、それが本当のチームとして成立するのは、ごく限られた特殊な場合だけだ。本当のチームを作る能力を持ち合わせた人間には、決定的な能力が備わっている。才能あるスターとしての天賦の才能が。

ここまでで学んだとおり、チームというものはすぐに出来上がるものではない。そのためには、次に挙げるような価値あるものを引き出しにストックしておかなくてはならない。

- 自分たちが今どこにいるのか、本当に優れたチームになるためには何が足りないのか（そのときの状況と必要な条件）の把握

- 共有する将来像（全員が同じ方向のもとで努力するため）
- チャンスを分析するための真に効率的なプロセス
- 意思決定とその遂行
- それぞれの目に見える特徴（性別、民族、能力）や、具体的な特徴（年齢、学歴、経験）や抽象的な特徴（感じ方、考え方、学び方）の多様さ
- メンバー同士の高いレベルでの信頼とプロジェクトへの関わり合い
- チームで作業する間の学習過程、ならびに上昇し続けるバイタリティー

「グループの活動に対する個人の取り組み——それがチームワーク、会社全体での作業、社会全体での作業、文明全体での作業を生み出す」

ヴィンス・ロンバルディ（1913〜1970／アメリカンフットボールの伝説の監督）

レアル・マドリードのように強いチームを構築するには、「自分が関わっているのはどういうチームか？」と自問してみよう。そして、その答えに従って行動すればよい。チームを信じるのだ。孤独や危険、失敗に対する恐怖に打ち克ち、成功を成し遂げ、幸福を共有できる本物のチームを。

4. 意外な答えを出す――世界を制するには謙虚さは捨てるべし

これまでの人生で我々は、〝よい教育〟とは知識を得たい相手に語り聞かせることで成り立っていると学んできた。教わることがたとえ嘘であっても、何の役に立たなくても、あるいは進歩を妨げるものであっても。だからこそ、余計なお世話かもしれないが書いておこう。どれほど正当化したところで、それではろくな結果が出るわけがない。

偽善という言葉を辞書で引くと、「実際に持ち合わせている、または体験している性格や感情を偽ること」と書かれている。つまりそれは基本的に一種の嘘であり、最低の行為だ。この上なく倫理に反している。偽善的な人間は他の人に何ももたらさないばかりか、間違った方向へ人を導くことさえある。

「たった1分の率直で誠実な人生のほうが、100年間の偽善よりもずっといい」

アンヘル・ガビネ（1865〜1898／スペインの作家）

世界は、ジョゼ・モウリーニョのような正直者のためにある。正直者とは、(誰も傷つけないための当然の配慮をして)思ったとおりのことを口にし、価値をもたらし、(普通なら予想もつかない)答えを出す人のことだ。そういう人こそ、才能ある指導者となりえるのだ。

そこで、「(偽善的な)善人のままでいるのと、モウリーニョのように自分にも他人にも正直でいるのと、どちらがよいか?」と自問してみよう。ゆっくり時間をとり、(自分の立場を示すと共に誰も傷つけないように)確信を持って答えを1つ1つ見出すことで価値は生まれる。そして、深く豊かなアイデアを駆使して予想外の答えを導く。我々の存在意義は、他人とコミュニケーションするためにあるのだ。

5. すべてのイニシアチブを握る――行動は前に進むことで証明される

イニシアチブとは主体性のことだ。自己啓発の大家の1人スティーヴン・コヴィーは、「我々の人生には2つの輪がある」と説いている。1つは変えなければならないのに手立てがない事柄で構成される〝関心の輪〟。もう1つは実際に変えることが可能な物事すべてで構成される〝影響の輪〟だ。受け身な人は自分の〝関心の輪〟に束縛され、「自分にはできない」と思い込み、無力さをさらけ出して何も生み出そうとしない。そして四六時中、不平を言ったり嘆いたりする。いっぽう、ジョゼ・モウリーニョのように主体性と自発性を持つ人は、小さかろうが大きかろうが自分が影響を及ぼせる範囲内のことだけに集中し、それを追求する。人生とは何かに寄与することであり、改善することであり、冒険なのだ。

「(主体性とは)我々が人間として自分自身の人生に責任を持つことである。我々の行動は自分の判断に作用されるものであり、自分の条件が作用するものではない。人間は、感情よりも価値観を優先できる生き物である。我々には起こりうることを成し遂げるための自発性と責任があるのだ」

スティーヴン・コヴィー（1932〜2012／アメリカの著名経営コンサルタント）

そこで、「どのように基準を定めるのか？」と自問してみよう。モウリーニョのように己の運命を支配（目的を持って行動）しなければ、他の誰かの言いなりで終わってしまう。自分でイニシアチブをとって動くのだ。急カーブが続いて目が回るほどのスピードになっても、そこで絶対に投げ出してはならない。

6. サメの間を泳ぐ――自分が動きやすいように動く

ビジネスのジャングルへようこそ。我々が生きているこの現代社会は、（意識的だろうが無意識だろうが）有害と言ってもいいほどに堕落した人間であふれ返っている。自分の利益だけを追求するエゴイスト、ジェラシーの塊のような人（哲学者オルテガ・イ・ガセトによれば「嫉妬は賞賛の1つの形」だそうだが）、病的なほど他人に嫌味を言う、性悪で毒のある人もいる。

そういう人たちにはどう対処すればいいのだろうか。そのために必要な要素が感情面での知性、すなわち自分の感情と他人の感情を制御する能力だ。自信と冷静さ、困難を克服する力を養うのだ。そして友だちを選び、悪口を言う人とは付き合わないようにするのだ。

「人生は、悲嘆に暮れたまま立ち上がるには短すぎる。だから、自分とちゃんと付き合ってくれる人を愛し、そうでない人は忘れてしまいなさい。起こることにはすべて理由があるということをしっかり認識するのです。チャンスがあれば、それを活かしなさい。そしてそれで人生が変わったら、それを受け入れなさい。人生が簡単なものだなどと言った人は誰もいないが、苦しむだけの価値はあるものだと約束しよう」

ハーヴィ・マッケイ（『ビジネス人間学「超」のつく成功者になる94の法則』〈日本経済新聞社刊〉の著者）

そこで、「どうすれば自分の価値を他人に認めさせられるのか？」と自問してみよう。ジョゼ・モウリーニョのように自分の望みどおりの人生を生きるには、自分なりの基準を持って生きるしかない。他人の敷いたレールに乗って一生を終えたくなければ、自分なりの基準を持って生きるしかない。つまり自分にとって役に立つ人と親しくなり、害になる人を避けることだ。

7. 人情をもって仲間と接する

——自分は「いつか死ぬ存在である」ということを忘れない

偉大な指導者やリーダー、あるいは（サッカーや他のスポーツの）監督の特質として、自分の選手だけでなくスタッフも褒め称えることが挙げられる。それは不都合なことを何も言わないという協定を結んで〝お上品〟に社交辞令を交わしているからではなく、心の底から感謝の念を抱いているからだ。

1人では成し遂げるのは困難だが、他人が心から自分のことを信じてくれたときに得られる成長は、誰からの贈り物よりもずっと価値が高い。

我々人間は、〝合理的〟なだけの生き物ではない。我々の大部分は、情緒的で感情的な存在だ。そして、他人に対してどんな感情を抱いたかを忘れない。だから、他人との関係性においては、人情というものがリーダーシップの鍵の1つとなる。ジョゼ・モウリーニョのように思いやりをもって他の人と接し、注意深く話を聞こう。そしてよいことや、さらに改善できそうなことに対しては役に立つ見解を示し、どのように行動するのが適切かを把握しよう。そういうことは共通の感覚としてはみな持ち合わせているが、誰にでも実践できることではない。

「私たちに共通するつながりとは、私たちはみなこの小さな惑星に住んでいるということです。私たちはみな、同じ空気を吸っています。みな、未来の子どもたちを大切に思っています。そして私たちはみな、いつかは死んでいく存在なのです」

ジョン・F・ケネディ（1917～1963／元アメリカ大統領）

自分を取り巻く人たちについて、「どうやったら彼らに信じてもらえるか？」と自問してみよう。モウリーニョのように他人に尽くし、献身的に接することで、大切な資産を残すことができる。あてにならない方法で人気を取ろうとするよりも、学習を通じて他人のための道しるべを残すほうがずっといい。

8. 〝シンフォニー〟を生み出せ――他の人の模範になる

シンフォニーとは、息をぴったり合わせた演奏者たちが奏でる音を意味する。その結果として生まれるのが、聴く人や見る人の心を動かす芸術作品だ。

シンフォニーを生み出すにはオーケストラが欠かせない。紀元前5世紀のギリシャ以降、オーケストラとは〝調和の取れた〟ユニゾンとして機能したときに、〝集団的知性〟を高めて目覚ましい結果を示す〝空間〟だとされている。ただし、オーケストラは指揮者がいなければ成立しない。サッカーもまた同様だ。

「オーケストラを指揮したいと考える人は、群集に背を向けなくてはならない」

マックス・ルケード（アメリカの牧師で童話作家）

自発的に、「自分の仲間内の〝集団的知性〟を高めるにはどうすればよいか？」と問いかけてみよう。その際に肝心なのは反省であり、方法であり、実践である。企業経営の父ピーター・ドラッカーは、いみじくもこんなことを言っている。「未来の組織は学校や病院、交響楽団のようになるだろう」と。

では、まとめに入ろう。ジョゼ・モウリーニョとは、次の点を実践できている人物だ。

- 自分でモチベーションを高められる。
- 夢のある計画を立てられる。
- そのための〝日程表〟を定められる。
- 基準を定められる。
- 意外な答えを出せる。
- サメの間を泳ぐ、つまり自分のペースを徹頭徹尾守れる。
- 誠実にものを言い、嘘をつかない。
- 集団行動を掌握できる。

あなたにもできていることは、このうちいくつあるだろうか？

まずその一歩を踏すとしたら、〝思うこと〟ではないだろうか。最後にもう一度、2012年2月のモウリーニョの言葉を抜粋しよう。

「ただ次の試合に勝ちたい、そしてその次も勝ちたい、それだけだ。我々は最後まで進んでいきたいと思う。ただし秩序を保って」

それは、たびたびモウリーニョが選手を驚かせてきた〝確信に満ちた、試合展開の予言〟と同じだ。思うところに、運命はやってくるのだ。

ソフトバンク クリエイティブ
サッカー関連書

『フットボールマネジメントの神髄 名監督はスコットランドから生まれる』(仮)

マイケル・グラント/ロブ・ロバートソン 著
宮﨑 真紀/中川 泉 訳

これまで数多の偉大なサッカー監督を生んでいるスコットランド。本書は、現在もイングランド・プレミア・リーグ、マンチェスター・ユナイテッドを率いるサー・アレックス・ファーガソンを中心に、イギリスのプロリーグ創成期から現在までの、多くのスコットランド人監督の手腕と、その人柄や裏話を取り上げている。

また、人口の少ないスコットランドからなぜこれほど多くの偉大な監督が生まれているのか、その多くがなぜ炭鉱や造船所などの労働者階級出身なのか、その理由についても考察している。

2013年3月発売予定

■著者

フアン・カルロス・クベイロ

ＡＥＣＯＰ（スペイン・コーチング＆プロセスコンサルティング協会）の名誉会長、ビジネスコンサルタント会社ＩＤＥＯの業務執行社員。デウスト商科大学リーダー学・グループダイナミクス学教授、サン・パブロ・ＣＥＵ大学コーチング高等専門学校校長、ＥＢＳ（エストレマドゥラ・ビジネススクール）上級リーダーシップスクール校長、ガリシア地方のカイシャノーバ・ビジネススクールのコーチング上級コース部長、アリカンテのフンデセム・ビジネススクール校長を歴任。スペインにおける、リーダーシップおよびコーチング論の第一人者として知られ、世界のトップ企業400社あまりの戦略コンサルタントとして仕事をしてきた。リーダーシップとコーチングについての著書多数。ブログ「Hablemos de Talento」は、マネジメント分野では最もアクセス数の多いブログのひとつである。

レオノール・ガジャルド

身体活動科学・スポーツ科学博士。カスティージャ＝ラ・マンチャ大学教授であり、同大学のＩＧＯＩＤ（スポーツ組織・施設マネジメント研究グループ）の責任者。スポーツマネジメントの第一人者の１人だとされている。

■翻訳者

野田恵子

京都外国語大学イスパニア語学科（現スペイン語学科）卒。楽器メーカー勤務を経てフリー翻訳者に。英語とスペイン語の両方の翻訳をこなし、サッカーの国際試合における各種レギュレーション（競技規則）や、ゴルフ関連オンラインマガジンや自転車ロードレース関連の記事の翻訳なども手がける。産業翻訳にも携わる。

■監修者

吉崎エイジーニョ

1974年生まれ。北九州市出身。大阪外国語大学(現大阪大学外国語学部)卒。『Number』（文藝春秋）、『週刊サッカーマガジン』（ベースボール・マガジン社）に連載を持つ。著書に、『オレもサッカー「海外組」になるんだ!!!』（パルコ出版）、『オトン、サッカー場へ行こう』（新潮社／ミズノスポーツライター賞最終候補作）、『日本 VS 韓国 ありそうでなかった！ 日韓サッカー徹底比較』（ぱる出版）、その他、パク・チソン自伝『名もなき挑戦 世界最高峰にたどり着けた理由』（小学館集英社プロダクション／翻訳書）、『ジョカトーレ！ナガトモ』（竹書房／監修書）、『レアル・マドリード vs FC バルセロナ 因縁の 100 年史』（小社／監修書）などがある。本名は英治。

モウリーニョの哲学

世界No.1クラブをまとめるリーダーシップ

2013年2月6日　第1版発行

著　者	フアン・カルロス・クベイロ レオノール・ガジャルド
翻訳者	野田恵子
監修者	吉崎エイジーニョ
翻訳協力	アンフィニジャパン・プロジェクト
編集	永井 聡
営業	高塚明行／児玉尚
写真提供	カバー ©David Ramos / Getty Images Sport / Getty Images 口絵1 ©Michael Regan / Getty Images Sport / Getty Images 口絵2 ©Helios de la Rubia / Real Madrid / Getty Images 口絵3 ©Denis Doyle / Getty Images Sport / Getty Images
発行者	新田光敏
発行所	ソフトバンク クリエイティブ株式会社 〒106-0032　東京都港区六本木2-4-5 電話　03-5549-1201(営業部)
カバーデザイン	bookwall
DTP	アーティザンカンパニー株式会社
印刷・製本	中央精版印刷株式会社

落丁本、乱丁本は小社営業部にてお取り替えいたします。定価は、カバーに記載されております。
http://isbn.sbcr.jp/71536/
本書に関するご意見ご質問は、上記 URL からお寄せください。
Printed in Japan
ISBN 978-4-7973-7153-6